引爆创意

修订版

How To
Do Better
Creative Work

［英］史蒂夫·哈里森 著
Steve Harrison
杨 凯 赵雯婧 译

推荐语

对于那些渴望知悉创意之秘密的人来说，本书是名副其实的基本读物。哈里森的论述通俗易懂，读过之后，对于为什么有那么多广告活动败得如此惨烈，你将茅塞顿开。

——拉里萨·文斯，*Campaign* 杂志

史蒂夫是那种几近绝迹而客户求贤若渴的创意总监。对于任何憎恶废话、渴求优秀作品的广告客户、公司管理人员或创意人员来说，《引爆创意》都是一本极诚实的必读书。

——查理·史密斯，沃达丰英国公司品牌及营销经理

只有为数不多的人敢于揭穿广告行业臭名昭著的自恋本质，史蒂夫是其中之一，他直指要害——"皇帝光着身子"。他更是极少数敢说"事情得这么办"的人士之一。

——乔恩·斯蒂尔，《真相、谎言与广告》和《完美提案》作者

本书内容当然不止于广告主应当如何帮助广告公司做出最好的作品来。我超级喜欢作者的创意成型之前的见解，而这一创造性的问题解决思路竟然适用于所有行业更是让我喜出望外。

——保罗·费拉约洛，劳斯莱斯汽车北美公司总裁

有朝一日，如果我儿子跟我说他也想干广告，我一定会向他推荐史蒂夫的这本书。有可能的话，我还会找个机会让他和史蒂夫好好聊一聊。

——巴勃罗·阿尔苏加赖，马德里沙克尔顿广告公司总裁

2009年的某一天，前晚还通宵赶案子，今天就提着行李赶往巴厘岛，别以为我是去度假，其实是去开会，每年一次的亚洲区公司大会。在香港转机时，我看到了史蒂夫·哈里森的这本《引爆创意》，当时只有英文原版可以买……当时满抱怀疑地随手翻翻，看了几页后，整个人一扫因通宵而昏昏沉沉的脑袋，兴奋得如同遭受了如来神掌的震撼！

——张映晨，Tribal DDB 创意群总监（GCD）

我跟在他们身边的日子里，通常是不太有记忆的，记起他们的时候，往往是多年以后，一个重要的时间点上的一种突然顿悟。那之后，所有他们曾告诉过我的事，哪怕只是一两句话，便开始大量流出，然后在我的脑海中形成数据库，萦绕不退。这种感觉，像是突然被打通了任督二脉，内力一夕间，开了窍，所有功夫、招数全身流窜起来，融会贯通了……广告名宿约翰·赫加蒂爵士（Sir John Hegarty）曾说"我最不屑于做的事情就是阅读广告书籍"。我的看法是，如果你已经是武林至尊，那就不需要。

——王彦铠，阳狮广告上海执行创意总监（ECD）

刚入门的新人，就像是玻璃上迷路的小蜜蜂，前途看上去一片光明，却不断碰壁找不到出路，这本书可以帮助他们指引方向；有点工作经验的熟手，他们容易个人主义，或是钻牛角尖，这本书可以作为他们的镜子，看清自己的位置，弥补自己的不足；身经百战的老手，往往容易陷入经验主义，思想受到禁锢，这本书则可以帮助他们融会贯通，完善自己的创意思维体系；一家发展当中的广告公司，若是渴望在新的创意领域突围，这本书则可以帮助指导培训员工，为公司建立一个具有创新力的创意平台。

——资深梦游（Lakuta），北京奥美资深文案

目　录

推荐语　1
序言　创意需要的是天赋，还是经验？　赖致宇　8
致中国读者　10
致　谢　13

引　言　人们是否还需要另一本创意书籍？　1
放纵的寂寥　3
过气的线下广告　4
你能否识别专家论点的缺陷　5
如何打动"被动的大多数"　6
数字广告如何引人注目　8
最好的广告公司心知肚明　9
经济危机？不，机会！　10
本书提要　10

第 1 章　如何更具创意　13
端正态度　14
获得尽可能真实的生活体验　16
找到人们的兴奋点　17
遵循产生好创意的程序　18
给自己预留充裕的时间　20

创作过程当中的四大保证　21
他人放弃，你继续坚持　22
远离酒精！保持头脑活跃　23
拳王穆罕默德·阿里的建议　26
与强者为伍　27
发挥自身优势　28
让老板买单　29

第 2 章　如何营造创意如泉涌的工作环境　33

人人（包括财务总监）开心　37
使人人匠心独具　39
使员工醉心于学习　39
延请其他行业的专业人士　40
让公司门庭若市　42
为员工的假期支付双薪　43
雇用好奇且稀奇的人　44
哪些人应该敬而远之　46
如何识辨巧言令色之徒　47
舍利取"义"，提振士气　48
避免争斗　48

第 3 章　问题 / 解决：如何构思绝妙的营销创意　53

你面临更为严峻的战斗　54
为何需要两个而不是一个创意　55
最好的电视广告都遵循"问题 / 解决"机理　56
最好的直邮广告也不例外　58
最著名的数字广告赫然在列　59
大家喜闻乐见的广告无不遵循"问题 / 解决"机理　60

慈善广告有何不同　62
　　社会公益广告有何不同　64

第 4 章　将绝妙创意付诸笔端　69

　　将双倍精力花在创意简报上　70
　　由客户服务人员写创意简报事半功倍　71
　　你从事的是极要求创意的工作　72
　　必要的背景资料　73
　　深入调查，厚积薄发　74
　　假如独特销售主张尚未成型，无须紧张　75
　　碰头会的重要性　77
　　撰写创意简报的若干关键词　88
　　使用四个字母的词语　89
　　如何才能 4 万美元每单　90
　　为文案添加小标题，人们会更愿意阅读　91
　　听取他人建议　92

第 5 章　恰切截断：绝妙广告创意从何而来　95

　　绝妙创意的目的是……　97
　　绝妙创意从何而来　97
　　抓住机会，实现销售　98
　　勇于探求更多细节　99
　　实例展示　100

第 6 章　塑造及推广品牌的传统方法和创新方法　123

　　品牌响应：我们的成功秘诀也可以是你的　124
　　这就是品牌响应的未来？　135
　　四十年前的先知　135

最受景仰的广告公司的灵感源泉 136
从新西兰向伦敦运去一个酒吧很好地运用了"截断"手法 137
迄今为止，大众汽车公司最赚钱的一则广告 141

第7章 如何贩卖创意作品 145

不畏风摧，方才秀拔 146
如何展现好的销售技巧 147
好？坏？仅仅是个人看法吗 148
你会请一个每天只吃麦当劳的人推荐一个好餐馆吗 148
加强攻势，直到你们对作品的理解达成一致 151
出庭的时候，你会请一位即兴辩护律师吗 152
无论是在洗澡时，在公车上，还是去工作的路上，独自演练 155
条分缕析 157
让客户相信，你与他们一样"唯利是图" 158
了解你的听众 159
认真倾听客户说什么……甚至是没说什么 160
以创意简报应万变 162

第8章 如何管理创意部门 165

你的创意哲学是什么 166
调动全公司而不仅仅是创意部门 168
成为本行业薪酬最高的"交通指挥员" 168
确保每个人都确知各自工作任务 170
控制创意简报质量，恰当安排时间 171
如何组织中程会议 172
透过潜在消费者的眼睛看作品 173

知道员工什么时候陷入了低谷，让他们恢复状态　174
　　　避免集体决策　175
　　　你掌管的是创意部门，不是比萨店　177
　　　不要拆东墙补西墙　178
　　　现在是盛装领奖的时候了　178
　　　与大家分享荣誉　179

结　语　希望没有浪费你的时间　182
　　　是时候丢掉所有旧有规则和信条了　183
　　　你并不惧怕变化，不是吗　184
　　　你今天遇到骗子或笨蛋了吗　185

译后记　187
出版后记　188

序言　创意需要的是天赋，还是经验？

上次在浙江理工大学演讲的时候，现场有人问我这样的问题：创意需要天赋吗？还是经验？

相信这是一个困扰每位创意人的问题，特别是年轻的创意人。如果不是发现或相信自己有这样的天赋，人们不会轻易跳进这个行业来的。但是，当每个年轻的创意人朝气蓬勃看着未来的时候，招聘单位要求的"资深"两个字，却严酷无情地取消了他们的资格。

资深的意思就是经验。问题是，怎样的经验？同样在广告业待了3年的广告人，就拥有同样的3年经验吗？谁都知道不可以这么算的。不同的人，进不同的广告公司，服务不同的客户，与不同的同事相处，做不同的案子，被不同的文化熏陶，接受不同的培训，特别是跟着不同的创意师父学习，所得到的经验有天壤之别。

并不是每个人都有幸跟随优秀的创意大师学习。但是，每个人都有阅读大师毕生经验总结，并加以学习的权利。

英国著名的直复营销广告大师史蒂夫·哈里森就是这样的一位优秀创意大师，把他20多年的行业经验都浓缩到这本《引爆创意》(*How to Do Better Creative Work*)当中。现在，你只要翻开书页，就可以隔着时空，与他心电感应，一窥他本人对创意的独到见解，以及创作那些知名的获奖案例的详细心路历程。史蒂夫的作品除了创意出色外，还有一独特之处。那就是鲜有所谓"飞机稿"。事实上，他是"管用"广告的大力支持者。他说："如果你努力去做一些'管用'的东西，或许有机会拿那么一两个奖项。但反过来，如果你是抱着获奖的目标去进行广告创作，那就根本没有希望做出'管用'的作品，噢，没错，你还会在六个月内丢掉饭碗。"

这也是国内广告人日夜纠结的地方。国内广告界普遍有一个说法，有创意的广告卖不了产品，而能卖产品的叫卖式广告却没有创意。

让史蒂夫来为你亲身示范，解答这个让人疑惑的世纪谜团吧！要获取经验，就从最优秀的人身上获取。拥有这些经验，才不会辜负你与生俱来的天赋。

赖致宇

上海 BBDO 天联广告公司 执行创意总监

2012 年 1 月

致中国读者

听闻《引爆创意》(*How to Do Better Creative Work*)一书已被翻译成中文并将于年底前付梓,我深感荣幸。这本书已经有了英语版、西班牙语版以及意大利语版,中文版即将面世的消息则尤其令我惊喜不已——中国是当前全球范围内成长最快的广告市场。

我的心愿是,为使中国的广告市场在全球范围内"成长最快"之外更进一步成为"质量最高"的广告市场尽上微薄之力。考虑到世界其他地方的广告市场(至少是在时间上)领先中国 100 年的事实,这个愿望不免野心太大。但我真心认为,缺乏经验并非一个多么要命的缺陷。事实上,在当前的情势之下,纽约、悉尼、伦敦或东京的一个 23 岁的广告人并不一定比他/她身处广州、北京、深圳或上海的同行多懂多少。这是因为,在相对"一成不变"的西方广告市场,无论是新人还是老人都不太懂得从行业悠久的历史中学到新东西。

如我在本书的结语部分所指出的,成熟的广告市场很容易被相关外界变化和时新观念搅得心神不宁,而近期以来的世界性经济危机尤其使得欧美等地的营销人员感到惶恐不安。因而,为了赢得广告客户的认可和青睐,他们甚至比其他地方的营销人员更加需要"新的魔力公式"(magic new formula)。同时,由于经济形势严峻,本已少得可怜的培训预算也被削减,因此极少广告公司有能力/资金和热情去培训员工。也就是说,广告从业人员极少获得以下——本书正文将会详细阐述——几个重要方面的培训:(1)如何撰写创意简报;(2)销售主张专一的重要性;(3)创意的目的;(4)如何识别、抓取创意;(5)如何向广告客户贩卖创意。

在西方广告行业中极为常见的员工培训不足使得中国的广告同仁们

获得了一个后来者居上的大好机会。但首先必须认清一点，中国的广告行业整体上毕竟是落在其西方同行的后面。因而，三项头等大事是：培训、培训、再培训！

如本书第1、2章所说，培训的基本内容是学习。认真学习这两章并阅读我在第1章末尾处的推荐书籍，这可以帮助你克服经验不足的劣势。事实上，所有的行业之间总是存在一些共通的方法论知识，广告行业——以及任何其他行业——总是可以从别的行业领域汲取一些方法或原则并做相应的变通或改造。行业间相互学习方法论知识的过程可以说是永无止境的，这也是广告从业人员不断磨砺自身、力臻世界一流水准的重要途径之一。

行业之间相互学习固然必要且重要，但这不是说你应当模仿别人如何为广告作品起标题，如何排版、设计。记住，适用于一国的广告作品对于另一国未必有效。可能存在的文化差异必须引起重视，你的作品必须有所体现。不，我所说的他人的方法论知识指且仅指所有男男女女——无论他们来自何处——之间的共性，这种共性是人性共通层面上的共性。比尔·伯恩巴克说得最恰切："历经数百万年，人类的各种天性才得以进化至今天的模样。而进一步的完善则还需要另外一个数百万年。现在人们非常热衷于谈论'变化当中的人'，但人与人的沟通和传播只能着眼于'不变的人'：始终不变的是生存、受人钦佩、追求成功、爱与被爱、照料家人的坚强意志和决心。"本书正文的末尾处，我原样引用了他的这段话。

美国广告创意之父伯恩巴克还说，欲使广告作品收获实效，首要的秘诀就是把握广告受众——你的贩卖对象——的欲望和需求。通常，这只是一件再"简单"不过的事情：找出广告受众的问题，并使广告受众明白你的产品或服务为何能够解决他们所面临的问题。但是，在某些成熟的广告市场上，人们反而不再记得或者有意识地忽略了他们曾经奉为圭臬的真理。我希望，读过这本书之后，你可以将这条真理贯彻到底。在这个过程当中，你还应使你的客户也参与进来——这其实是建立并维持良好、顺畅的广告公司—广告客户关系的最大挑战所在。

我曾在中国做过短暂的停留和访问，再加上我的听闻和阅读，中国的广告客户大抵是并不十分尊重他们的广告代理商的。也就是说，中国的广告客户视广告代理商为供应商——而非合作伙伴。这在较年长的广告客户中尤其常见，他们从小接受的观念是，广告是骗人的，"创意"和"创新"是危险的。广告公司必须设法克服客户的这种态度。我之前说过，培训、培训、再培训是广告公司的三项头等大事，此处我还想说的是，培训你的客户是运作广告公司的重中之重。

我对于中国广告同仁的建议是，在正式的提案会议之外或之前，邀请广告客户与你展开非正式的探讨，让他们相信，优秀的广告作品对于他们的商业成功至为关键。在此基础上，让他们明白优秀的广告作品必须经过哪些流程才能实现以及他们自己在这个过程中应当发挥怎样的作用。如果你未能成功地将客户的态度转变过来，你的工作就会变成一场与客户的战斗，客户就将成为你的敌人，而非朋友或合作伙伴。

从某种意义上来说，本书内容即是如何将客户由敌人变成朋友，使你有精力专注于做出更好的作品这件事情本身。进而，你的工作和生活才可能愉快且高产。衷心希望本书能够帮你实现上述目标。倘若本书使你获得了任何益处，烦请告知 harrisosteve@googlemail.com。不胜感激之至！

史蒂夫·哈里森

2011 年 12 月

致　谢

如果说我的职业生涯中取得了一些成功的话，很大程度上应该归功于那些曾与我一起共事的聪颖且勤奋的同事们以及那些眼光独到、敢于冒险（认可并购买我们的作品）的客户们。

本书是我的首次出版尝试，这期间也一直有好运相伴。手稿完成之后，我有幸能够将它交给培生教育集团的萨姆·杰克逊（Sam Jackson）审阅。感谢她给了此前从未有过相似经历的我出版本书的机会以及相关指导。感谢她的同事艾玛·德尔文（Emma Delvin）和约瑟芬·布莱恩（Josephine Bryan），作为文字编辑，她们的工作无比细致。我想对她们说，我不是那种丢三落四的人。同样感谢卡罗琳·乔丹（Caroline Jordan），她担负了确保本书出版的大量的研究与行政工作。

此外，如果没有以下各人的慷慨相助，我不可能搜集到让本书增色颇多的创意作品。他们是：施乐公司的罗伯特·科比什利（Robert Corbishley）；IBM的艾伦·弗拉克（Alan Flack）；AA汽车协会的格拉万·希尔 – 史密斯（Gravin Hill-Smith）；英国焦虑症救助协会（原全英焦虑症患者协会）的安娜·凯格（Ann Caig）和尼基·李贝特（Nicki Lidbetter）；英国心脏基金会的丹尼尔·拉姆齐（Daniel Ramsey）以及担任英国心脏基金会广告摄像工作的麦克·帕森斯（Mike Parsons）；新西兰奥特亚瓦罗（Aotearoa）国际特赦组织的丽贝卡·埃默里（Rebecca Emery）；英国索尼公司的基亚拉·拉马（Chiara Lamma）、本·摩尔（Ben More）和詹姆斯·肯尼迪（James Kennedy）；宝马mini-cooper的伊莎贝尔·巴斯克斯（Ysabel Vazquez）；麦克米兰癌症援助中心的米歇尔·罗利（Michelle Rowley）；加西亚银行的圣地亚哥·马佐（Santiago Mazon）；本田公司的艾玛·奈特（Emma Knight）；棒！约翰比萨饼的贡萨洛·拉纳塔（Gonzalo Lanata）；奥林巴斯欧罗巴的乌韦·拉瑟姆（Uwe Lussem）和海诺·希尔比格（Heino Hilbig）；大众汽车的拉尔夫·马尔兹（Ralf Maltzen）；美国运通公司的帝帕·鲍斯（Deepa B. Bose）和路易斯·穆贺劳尔（Louise D. Muhlauer）；以及斯佩特啤酒的肖恩·奥多内尔（Sean O'Donnell）。

　　广告公司方面，我想对与以下各人表示谢意：柏林恒信传媒的美克·沙恩霍斯特（Meike Scharnhorst）；斯普林格与雅各比广告公司的坦贾·布劳恩（Tanja Braune）和桑德拉·阿特维尔（Sandra Atwell）；新西兰 AIM Proximity 广告公司的大卫·金（Dave King）；新西兰克伦索天高广告公司的尼克·沃辛顿（Nick Worthington）；新西兰狮魔广告公司的拉克伦·麦克弗森（Lachlan McPherson）和马丁·约曼（Martin Yeoman）；伦敦 AMV 天高广告公司的萨拉·库柏（Sarah Cooper）；威登+肯尼迪广告公司的格雷尔·麦克莱伦（Grail McClelland）、金·帕帕沃思（Kim Papworth）和尼尔·克里斯蒂（Nail Christie）；伦敦恒信传媒的丽贝卡·莱格特（Rebecca Leggett）；克里斯潘·波特+博格斯基广告公司的史蒂芬·萨博卡（Stephen Sapka）、凯蒂·肯普纳（Katie Kempner）和阿莱克斯·博格斯基；秘鲁纳斯卡盛世广告公司的毛里其奥·帕兹（Mauricio Paez）。

　　我还要感谢直复营销商业成就研究机构的乔安娜·金（Joana King）和英国客户策划团（APG）的史蒂文·马丁（Steven Martin）为我搜集了 M&G 公司相关广告案例和数据。同时感谢 SOFII 慈善资金募集相关机构的马克辛·德拉哈迪（Maxine Delahunty）、comScore 互联网市场研究公司的杰米·戈恩（Jamie Gunn）和英国广告从业者协会（IPA）的凯瑟琳·埃弗拉德（Katherine Everard）。

　　感谢凯文·安塞尔（Kevan Ansell）、马克·菲德斯、波利·琼斯（Polly Jones）、西蒙·辛克莱尔（Simon Sinclair）以及我的堂兄伊恩·哈里森（Iain Harrison），感谢他们就本书内容及文风提出的宝贵帮助和建议。

　　感谢专业的读者乔恩·斯蒂尔、保罗·费拉约洛（Paul Ferraiolo）、查理·史密斯（Charlie Smith）、巴勃罗·阿尔苏加赖（Pablo Alzugaray）和休·博基特（Hugh Burkitt）给予的指导与鼓励，尤其感谢马克·克里奇的机敏和娴熟。

以上所有人都对本书内容的改进和改善做出了贡献，而本书设计师大卫·阿尔德里奇（David Eldridge）和他的同事凯文·韦斯特伯里（Keven Westbury）则为本书做出了精美的设计工作，使本书深受读者欢迎。感谢他们。

同时，借此机会，我还要感谢我去世的朋友克里斯托弗·拉德克利夫·迪尔登（Christopher Radcliffe Dearden）并致以敬意，他面对多发性硬化症和躁狂症的勇气极大地激励了我经营广告公司、创作广告作品的努力。愿他安息。

最后，也是最重要的，感谢莫拉格·布伦南（Morag Brennan）给我的爱和支持。当我陷入低谷之时，她提醒我这只不过是成功路上的一个小意外；即使在事业上无限风光之时，我也始终明白：我生命中最美好、最宝贵的正是在家等我下班的爱人。

Introd

引言
人们是否还需要另一本创意书籍？

uction

Does the world need another book about creative work?

在合伙成立广告公司之前，我们——我、蒂姆·帕滕（Tim Patten）以及马丁·特劳（Martin Troughton）——曾问自己这样的问题："人们眼下是否还需要另一家广告公司？"这个问题促使我们心无旁骛、凝神静思，引导我们找到了一个事后看来极其有效的市场定位（也引导我们将"品牌响应"这个词引入营销语汇当中）。

开始本书的写作之前，我也曾反复问自己一个类似的问题："人们眼下是否还需要另一本创意书籍？"回答这个问题要比回答上一个问题容易得多。

到目前为止，专门讲解"如何"做出更好的创意作品的书籍其实还很少，其中由过去 20 年来一直在真正地追求"更好的创意作品"且已小有成就的人所写就的，则少之又少。

如果在过去的 20 年当中的任何一个时候，有人问我怎样才能做得那么好，我有可能会引述著名教练比尔·香克利（Bill Shankly）描述足球的话——"一项让傻瓜弄复杂了的简单运动。"

要知道，于我而言，在这行干得越久，问题就变得越明了、越简单。事实上，我越来越坚信我将在本书当中予以阐述的、我们所亟需的两个重要理念——"问题/解决"机理（the problem/solution dynamic）以及"恰切截断"（relevant abruption）——的有效性；这两个理念相辅相成，缺一不可。

说实话，一直到不久前，我还觉得这些原则再明白不过了，我或者其他任何人没有必要坐下来将此写成一本书。可是，就在去年的某个时候，我注意到这个行业确实已经发生了某些变化。这再一次让我难以抑制地感到：你会发现，这本书对你有用。

那些我素来尊重和钦佩的人们开始变得迷茫且失落。广告公司，特别是创意部门的同仁似乎都陷入了一种集体性的信心危机。

放纵的寂寥

对我（还有其他很多人）而言，"引爆点"（the tipping point）出现在去年的戛纳国际广告节（Cannes Lions International Advertising Festival）上。星辉落尽，心生寂寥。甚至澳大利亚人也备感失落。行业杂志 Campaign 看在眼里，恨铁不成钢地讥讽道："英国的创意人员都成了没头苍蝇吗？"

干我这行（直复营销，direct marketing）的人看来都心下惴惴，尤其是当广告公司在颁奖晚会上放出狂言"定要占尽风光"之时。然而，英国代表团最终却铩羽而归。此后不久，Campaign 发问，"直复营销的黄金时代终结了吗？"

搞数字营销的那帮人？喔，就在众人狂欢之时，更加惕厉的家伙们却冷静地将目光投向远方。伦敦黏合力数字媒体公司（glue London）首席执行官马克·克里奇（Mark Cridge）对我说：

> 在创意方面，数字营销已经进入了一个稳定期：数字营销借以战无不胜、独步天下的技术知识现在已经非常普及了；大多数创意总监都有设计或技术方面的背景，当前更应当加强的是创意理念方面的专业技能。为了在创意方面提高到一个新的水平，我们要让沉湎于《连线》（Wired）的员工把目光转向《创意评论》（Creative Review）。我们必须在创意方面更上层楼。

关键是，谁来帮他们更上层楼？他们的广告、直复营销同行？环顾这四下萧索的丽思卡尔顿酒店大露台，我知道这根本没有可能。广告创意及直复营销行当的创意人员身上曾经特有的自信早已随着——没错，你猜对了——数字时代的到来而烟消云散了。

Note

"为了在创意方面达到一个新的水平，我们要让沉湎于《连线》的员工把目光转向《创意评论》。我们应当在创意方面更上层楼。"

过气的线下广告

> **Note**
> 赛斯·高汀对"打扰式营销"的摒弃成了大多数人的看法和态度,甚至成了现在许多商业与营销畅销书籍展开论述的出发点。

事实上,重创直复营销行业信心的并非数字营销行业的创意人员,而是数字技术领域的专业人士。第一击早在1999年就由赛斯·高汀(Seth Godin)打出。

他的《许可营销》(*Permission Marketing*,或译《愿者上钩》)一书对其所称的"打扰式营销"(interruption marketing),也即所有传统的"线下"创意作品——设法"截断"预期受众的注意力,将其吸引过来,并通过付费媒体发布销售信息——展开了不遗余力的抨击。

互联网泡沫的突然破灭暂时转移了人们的注意力,但之后的复苏重又吸引了人们的关注。大批广告从业者——以及更重要的是,他们的客户——开始相信赛斯·高汀的抨击了,尤其相信赛斯·高汀所说的"数字技术引领型'许可营销'时代的到来会使大家美梦成真"。

但是,几乎没人注意到,赛斯·高汀的判断所基于的其实是一种不真实的假设。他错将"执行不力"(bad execution)当作"行业衰微"(broken discipline)。实质上,他是说:广告不再有效,能不做就不做。那就好比是说,既然英国国民医疗服务体系(NHS)没有达到政府的既定目标,那就应该关闭所有的医院,而非提高诊断、治疗及医护标准。

赛斯·高汀大概从来没有想到,可能的出路在于做出创意更好、效果更佳的作品。随着数字技术及其应用的推广,赛斯·高汀对"打扰式营销"的摒弃成了大多数人的看法和态度,甚至成了现在许多商业与营销畅销书籍展开论述的出发点。

如果说赛斯·高汀松动了"竞争性劝服"(competitive persuasion)假说所依存的基础,另一本书(及其引发的众多畅销书、文章、会议、研讨会和博客)则可能更具毁灭性,那就是:里克·列文(Rick Levine)的《线车宣言:互联网的95条军规》(*The Cluetrain Manifesto*)。

与赛斯·高汀一样，本书所传达的信息也是"强行灌输信息的时代已经结束"。

我们正进入这样一个黄金时代：被各种技术知识和设备"武装"起来的消费者只汲取自己愿意汲取的信息，只认同自己准许它们进入生活的那些品牌。而且，他们彼此联系频繁、共同分享知识与见解，就买什么、不买什么相互给出建议与意见。在这个虚拟的市场当中，消费者是真正的主导者；不经一番争取，商家无权与之对话。

你能否识别专家论点的缺陷

"网络城市"（Cyburbia）之类的前景忽视了现代生活的一个显而易见的事实：我们所有人最感稀缺和宝贵的其实是时间，以至于"有时间休息"成了英国人最奢侈的享受（根据 nVision Research 公司调查）。

当然，正如《公众风潮：互联网海啸》（Groundswell）以及《维基经济学》（Wikinomics）两书所讲的那样，确实有为数不少的用户把大量的时间花费在这个或那个品牌的数字社区当中。根据马尔科姆·格拉德威尔（Malcolm Gladwell）的《引爆点》（The Tipping Point）一书，这些人可称"内行"：他们很乐意通过博客、讨论群、维基百科、社区以及论坛等方式与网友一起讨论他们所痴迷的事物；他们如此着迷于某些产品，以至于有可能比这些产品的广告人员和营销主管还要了解产品。理所当然地，他们成了产品研发以及客户关系管理（CRM）活动的基准。

但"打喷嚏的人"（sneezer*）、"阿尔法"（alpha*）以及"意见领袖"毕竟为数极少。大多数人绝不愿意把宝贵的时间用于在网上与人闲聊影印机、道路救援、投资基金、比萨店、柴油引擎、借记卡、外国航空公司、漂白剂或商业软件等话题。

这就意味着很大一部分网络活动是由极少数的活跃网民发起

* sneezer,在赛斯·高汀的《营销不过是个喷嚏》（Unleash Ideavirus）一书中，"打喷嚏的人"指代的是推销人员与内行。

* alpha，阿尔法，指有竞争力，强势的人。

和维持的。以博客空间（blogosphere）为例，2009年1月公布的由英国广告从业者协会（IPA）赞助的研究结果表明，仅有2.8%的英国在线购物者会不厌其烦地更新，8.8%会阅读博客文章，3.7%会发表评论。即使算上在线聊天室和网络论坛用户，活跃网民所占比例依然很小（6.5%）。

社交网络（social networking）的情况基本相似。根据福里斯特科技消费研究公司（Forrester Technographics）的调查，只有25%的英国互联网用户每月使用社交网络一次以上，其余的75%每月使用一次或者根本不使用。稍加研究，你就会发现，那些每天登录这些网站的人大部分都是在校学生，年龄在16~24岁之间。也就是说，虽然有人沉迷于此，但绝大多数只是偶尔一用罢了。并且，销售主管还应注意到，由于经常性用户的年龄和职业状况，他们大都——说白了——一文不名。

那些手头有几个"胖子"（英镑的昵称。——译者注）的人呢？喔，即便完全被某——与其生活某一方面相关的——网络社区所吸引，人们也会不忘"扫视"其他资讯渠道。例如，那些不事先咨询"好奇"婴儿用品俱乐部（Huggies Club）就无法做出购买决策的新妈妈们在随意浏览衣物、饰品以及化妆品信息的同时，也绝不会忘了享受 *Marie Claire* 杂志（中国大陆版即《嘉人》）的光鲜和质感。像大多数人一样，新妈妈们在网络、现实之间来回穿梭，接收了各个渠道的营销信息之后，才会做出购买决策。

如何打动"被动的大多数"

"像大多数人一样"，这么说并不确切。根据《公众风潮：互联网海啸》一书，大多数网民事实上几乎是完全无动于衷的。作者查伦·李（Charlene Li）和乔希·贝诺夫（Josh Bernoff）认为，这些人占到了欧洲数字社区用户总量的53%。这些人甚至懒得去"旅行助手"（TripAdvisor）网站查看旅店评价。此外，他们也没有在将来的某个时候开通博客的打算。正如法里斯·雅各布（Faris Yacob）在英国广告从业者协会发表的一篇令人印象深刻的短文——《我相信青少年才是未来》——中所说的，"大多数人仍将一如既往。他们与媒体之间的被动关系基本上已经定型，让他们变成积极主动的资讯'饕餮者'既无可能也不值得期待。"

别搞错了，雅各布所称的"被动的大多数"可是一个很大的市场；另外，还有数千万人甚至从来没有接触过网络。这是多大的潜在市场？想想吧！

广告客户会耐心地等待"公众风潮"的来临，最终"吞噬"他们？让客户忍受"消费者指挥营销"的新现实？你想得美！客户的期望是，广告公司四下出击、劝说其竞争对手的消费者转投自己，并让既有消费者花更多的钱。

或许应该按照赛斯·高汀的建议，向潜在消费者提供免费的笔或者抽奖机会，诱之以利，进而获得他们的"许可"？某些情况下，这会有不错的效果。但家里有信箱的人都知道，《读者文摘》已经这样好多年了，此类伎俩所吸引的往往是那些喜欢抽奖和获取免费笔的人——他们未必是你为之踏破铁鞋的目标。

设法让这些人加入社交网络？或许可行，但不要忘了，即便MTV*（"全球音乐电视台"）这样的著名品牌名下的脸谱网（Facebook）账户吸引的粉丝也不到200人。

或者，邀请这些人加入你们共同创立的开源网络平台当中？或许可行。但正如我之前所指出的，那只对为数不多的品牌拥趸、"内行"以及"产销者"（prosumer）有效。并且，顾名思义，如果他们已经忠于某一竞争品牌，那将是极难策反的。

抑或，你还是得线上线下、双"管"齐下地"打扰"这些人——提醒他们注意可能错失的"好处"、可以尝到的"甜头"、你可以为他们解决的"麻烦"？概言之，难道你不是还得来一点儿"竞争性劝服"（competitive persuasion）？

* MTV, Music Television, "全球音乐电视台"，世界两大音乐台之一，专事播放 MV 的电视网；MV 是 Music Video（音乐录影带）的缩写，即平常所谓"音乐电视"。一般提到的 MTV 可以等同于 MV。

数字广告如何引人注目

对这个问题，我的回答非常肯定，是！这正是我写这本书的原因所在。这就是为什么我觉得无论是线上广告公司还是线下广告公司，"问题/解决"机理以及"恰切截断"的理念都有用的原因所在。事实上，线上广告公司同样必须运用打扰式营销的某些基本元素，而且不比他们的线下同行少。

网络世界的残酷激烈，使得线上广告公司别无选择。正如 MRM 客户关系行销公司（MRM Worldwide）的分析发展主管莫比·纳齐尔（Mobbie Nazir）在 *Campaign* 杂志的"数字文论"栏目当中的阐述：

> 问题是，消费者对于数字媒体的兴趣、关注与日俱增，但网络广告总量的增长则尤其迅猛；并且，消费者自发创建并发布的网络内容也触目皆是。如此一来，繁多的品牌传播、推广活动使得网络世界反而变得前所未有的饱和了。

如上文所述，由于线下同仁的经验几乎不能给他们带来任何启发和教益，在线广告创意人员的工作已经变得更加艰难了。但聪明人已经明白过来了：大多数情况下，他们还是得求助于"打扰式"营销创意。

正如博达大桥国际广告传媒有限公司（Draftfcb）的阿利克斯·彭尼奎克（Alix Pennycuick）同样在 *Campaign* 杂志的"数字文论"栏目所指出的："我们所面对的挑战始终是，如何在第一时间引起公众的兴趣……我们必须忘记线上线下、联机脱机的界限，要牢牢记住，正是内容的质量和创意才能给人们带来前所未有的全新体验。内容高于一切！"

最好的广告公司心知肚明

最好的广告公司无不深以为然。在 2008 年担任英国设计与艺术指导协会大奖（D&AD Awards）评审团团长的过程中，我发现，所有数字及直复营销领域的获奖者都有一个共同点：无论发布平台是什么，最好的作品本质上都体现出了绝妙的"打扰式"营销理念。*Campaign* 杂志的 Big Awards 大奖也是如此。事实上，有意思的是，颁奖当晚获得"英国最佳数字营销公司"（更确切地说是数字直复营销）称号的正是一家老牌的打扰式广告公司百比赫（BBH）。

在可预见的未来，打扰式营销创意不仅将继续赢得一个又一个广告大奖，更重要的是，其对于品牌生存、在竞争日趋激烈的市场上提升销售依然至关重要。我不会说我可以帮你赢得一项英国 D&AD 的"铅笔"大奖或者 *Campaign* 杂志的 Big Awards 大奖，但接下来我将给你一些广告创作方面的实用建议，促使你的客户的潜在消费者相信：你的客户的品牌更有吸引力，产品比竞争者的更好。

之前我说过，这是"一项让傻瓜弄复杂了的简单运动"。这同时还是一项所有人"各司其职"的运动。

也就是说，本书不仅为（广告、直复营销以及数字营销方面的）创意人员提供建议，还为客户服务人员、策划人员、制作人员以及位列最后但并非不重要的广告客户提供建议。并且，我将讲到的内容不仅对渴望成为创意"老鸟"的"菜鸟"有用，对创意企业的经营者也同样有用。

再怎么强调都不为过的是，所有人最好都把这本书从头到尾地读完。如此，各部门员工才能充分领会各自的职责以及相互之间的倚赖。此种全面、透彻的认识和理解不仅能指导你更加出色地完成工作，还将让整个创意过程变得不那么"只可意会不可言传"，甚至变得意趣盎然。

Note

所有数字营销及直复营销领域的获奖者都有一个共同点：无论发布平台是什么，最好的作品本质上都体现出了绝妙的打扰式广告创意。

我知道，当大家都在因 80 年来最为严重的经济衰退而挣扎度日之时，妄谈什么"意趣盎然"只会引人反感。但是，在本书第 1 章，我将讲到，做出更好的广告作品并非为了消遣，而是为了提高广告公司以及广告客户的利润。并且，时势越是艰难，好作品越显重要。

经济危机？不，机会！

时势艰难，客户无力在营销上大把砸钱，而广告公司也承受不起广告作品投出去了却无动静。俗语说：潮退之后，就知道谁在光着身子游泳了。滥竽充数的家伙终将现出原形。

相反，那些脚踏实地、沉着应对的人们则能逆势而上。1991 至 1993 年之间的经济萧条时期，我们让奥美直复营销（Ogilvy & Mather Direct）逐步成长为英国最好的直复营销"创意工厂"。我们联手一些志趣相投的广告公司发动了一场创意革命，最终使得全球（北美除外）直复营销行业发生了重大改观。此外，我们在 2001 至 2003 年经济衰退期间成立了 HTW 广告公司，获利颇丰，并因为我们的出色创意，被 *Campaign* 以及《营销》（*Marketing*）杂志评为行业"年度最佳"。

本书贩卖的正是此类成功秘辛。一起进入正题。

本书提要

第 1 章几乎适宜所有想要变得更有创意的人。不仅适宜那些做（在线）中页广告（MPUs）、纸媒广告以及直邮广告的人们，还适宜那些正在为撰写文案或制订策略而绞尽脑汁的人们。

第 1 章主要针对作为个体的广告人，第 2 章则是关于如何创建一种大家齐心协力、共同发想绝妙的广告创意的组织环境。第 3 章将更加细致地探讨绝妙的营销创意，并说明最好的广告作品如何不可避免地会应用到"问题/解决"机理。第4章将详细阐述如何才能获得绝妙的营销创意并予以清晰明确地传达。

第5章我们研究"恰切截断"如何有助于你产生最有效的广告创意。我认为，至此你已经有了足够多的想法，因此第5章接下来的部分以及第6章将讲解大量的创意案例。第5章的创意案例主要有关于小预算的、战术层面的创意简报，旨在表明无论"先天"条件多差、希望多渺茫，最终也可能出来优秀的创意作品。第6章的创意案例主要有关于战略层面的广告活动，向你展示各种打造品牌、促进销售的新老方法。

第7章的内容全部有关于贩卖（selling）广告作品，同时阐述广告人"必须掌握的五方面知识"——为了说服哪怕是最谨慎的广告客户接受你的绝妙创意。最后，作为全书结尾，第8章将阐述以下内容：创意总监为什么是"世上最艰难"的工作？为什么这份工作实际上在做五份工作？

好了，絮叨就此打住。您要是愿意，这就进入正题。

如何更具创意

How to be more creative

之前我没有挑明：塞斯·高汀及其朋友所说的并非全无道理。很多被认作是"打扰式"广告作品的其实并不是。事实上，你从电视、杂志、网络、广播或者个人邮箱里看到的那些广告，90%都是在浪费广告客户的金钱、潜在受众的时间以及宝贵的地球资源——这些广告自我陶醉、含混不明、空洞乏味甚至与产品风马牛不相及。

我认为大家都想做出更好的作品。事实上，你一定想创作出这样一种作品：既引人注目又简洁明了，既精巧又切题。

如我在本书引言的末尾处所说，只有将公司上下所有员工的热情都调动起来，才有可能做到这一点。也即，本书的某些章节可能对客户部门的负责人更有用，而艺术总监则可能对另外一些章节更感兴趣，但最好是公司各部门、各岗位的人都能通读全书。这样，你才能明白：你的行为将如何影响你的同事，为何一人失职则整个创作流程都会被打乱？

本章是写给所有想要变得更具创造力的人的。无论你是已有20年从业经验的老兵，还是刚刚入行的新人，本章都尽力使你在工作上"更上一层楼"。你将了解你应当遵从哪些工作流程，还将明白如何才能使工作流程真正有效运转。但在此之前，我们其实应当做一个自我检查：我是否"入对了行"？

端正态度

"我为什么希望做出更好的作品？"认真回答这个问题，你才能知道你的态度是否恰当。

你的回答有可能很"新潮"、"不落窠臼"。当然，这可能让你的同事感到耳目一新，但并不足以表明你"入对了行"。事实上，"谜底"就在于前一个句子的最后一个词语：生意。你想要做出比竞争对手更出众的作品的原因很简单：作品更好，效果才会更好。

也即，"好作品"能够更好地实现营销传播的最重要目标：说服目标受众，让他们相信，你的（广告客户的）产品比竞争手的更好，不要不识货。

毫无疑问，"说客"（广告人）众多，生意竞争激烈。得紧紧盯住的目标受众主要是潜在消费者，不要理会广告客户。为作品埋单的不还得是广告客户？没错！但是，他们并不购买"自己的"产品。

另外，广告创作活动绝不能迎合各种"评委"。指导过我的第一位创意总监德雷顿·伯德（Drayton Bird）跟我说过："如果你努力去做些'管用'的东西，或许有机会拿那么一两个奖项。但反过来，如果你抱着获奖的目标而进行广告创作，那就根本没有希望做出'管用'的作品。噢，没错，你还会在六个月之内丢掉饭碗。"

或许，我应该补充一句，那些满脑子都是"评委"、"获奖"的创意团队做出来的东西常常是最没创意的。那是因为他们太在意某些时兴的套路，太容易受其影响。跟风、从众的恶果随处可见：大多数获奖作品展上的报刊、海报当中都充斥着没有标题、没有主体文案、图片完全出血的广告作品。

不，这绝对不行。想要变得更有创意，就得把你面前的《戛纳国际广告节获奖作品年刊》扔进废纸篓。把你的桌子——还有脑子——清理干净，一门心思地研究你要贩卖的产品、产品的（独特）价值主张以及潜在消费者。始终记住，"销售"才是广告客户付钱给你的根本目的。事实上，如果不能促进产品销售，所谓创意必定流于镜花水月。

戴夫·特罗特（Dave Trott）年轻的时候就认识到了这一点——在同伟大的约翰·韦伯斯特（John Webster）有过一次谈话之后。

约翰·韦伯斯特——英国有史以来最伟大的广告人之一——说:"每天下班之时,你脑子里要么充满奇思妙想,要么空空如也。而我脑子里的想法要么引人入胜,要么切实可用。"

他在最近的一篇博客文章当中回忆道:

> 多年以前,我初出茅庐,在BMP公司做广告文案。约翰·韦伯斯特对我说:"你与我之间的区别就是,你是个很有天赋的新手,而我是个行家。"我问他新手和行家的区别在哪里。他说:"每天下班之时,你脑子里要么充满奇思妙想,要么空空如也。而我脑子里的想法要么引人入胜,要么切实可用。"约翰此话一出,我顿时恍然大悟,有如醍醐灌顶。广告不是艺术,是生意。广告作品,最理想的当然是既漂亮又令人振奋,但生意终归是生意。

获得尽可能真实的生活体验

要想成为一个成功的广告创意人员,你还必须努力做出一些至少是"有用"的东西——这通常意味着你的作品必须面对普罗大众。而如果你的目标对象确实是普罗大众,那你就必须"变成"他们,透过普罗大众——而不是"媒体村"村民——的眼光看待这个世界。

这是安德鲁·克拉克内尔在 *Campaign* 杂志上的一篇文章的观点之一。作为一名从业多年的顶级创意总监,他对"媒体村"

村民的狭隘和保守提出了批评，同时指出："出路显然在于更多地触摸现实生活……广告人或许应当更少和同行凑在一起，更多听听配偶、孩子的心声。"

配偶、孩子到底能不能为广告人提供必要的现实描摹，我尚不确定。最好是有这么一个人：即使面对最诡谲的国际市场，他/她也能为我们指点迷津。正如使徒保罗（St Paul）在给罗马城的基督徒会众的《罗马书》所说："不要心高气傲，而要俯就卑微的人们。不要自以为是。"

我也赞同菲利普·拉金（Philip Larkin*）的观点：诗人的一生，最好宁静淡泊、寂寂无名，穿着朴素，抽大众烟，不修边幅，外出挤公交、地铁。

我还建议，去电影院、剧院、画廊和展会要买普通门票。而且不要只关注自己喜欢的艺术类型或艺术家作品。站起身来，走出你的"心理舒适区"。穿过——当然，并不非得徒步——市镇，去听一场前卫音乐家的演唱会，或者去莱斯特广场（Leicester Square*）和众人一块儿看一部消暑大片。

永远对周遭世界保持好奇心。阅读各式报纸杂志，去不同的酒吧，每天浏览不同的网站，收听不同的广播，上不同类型的咖啡馆或餐馆就餐，为你的下一次度假预订一个以前从来没去过的目的地。

找到人们的兴奋点

你进入广告公司之前的其他从业经历也能使你受益。不用担心你会赶不上一毕业就进入这个行业的人。我想，你们真正跨入这个行业不会超过二十多岁。但我告诉你，我30岁时才开始从事广告工作，从广告文案起步。

有人认为在公司里"年龄最大却刚刚起步"是一个劣势，我却安慰自己：大卫·奥格威（David Ogilvy）以39岁的"高龄"

* Philip Larkin，菲利普㈣拉金（1922-1985），被公认为继T.S.艾略特之后20世纪最有影响力的英国诗人。拉金反对现代主义，高度强调个性，冷眼看世界；始终如一地保守"英国精神"。他的诗歌大多采用传统的英诗格律，运用自如而巧妙，但又将粗鄙的俚语和口语成分引入考究的诗歌结构与韵法之中。

* Leicester Square，莱斯特广场，位于英国伦敦西区的一个广场，实际上是伦敦的电影院中心。

写出了他的第一则广告文案。并且,我相信,只要足够努力,我很快就能做出不错的作品来。那些更年轻的同事们,则还要磨炼几年,经历一番大多数人都要经历的欢喜、失落,甚至绝望。

这种世俗主义的态度有助于你理性地看待广告这门职业。首先,它能使你深刻认识你所贩卖的产品本身之于潜在消费者生活的重要性(或许微乎其微)以及你的广告作品所能发挥的"说服性"影响(毫无疑问,更小)。另外,你将知道什么对他们真正重要,用老话来讲就是:他们的"兴奋点"是什么(what makes them "tick")。

深思苦想、意有郁结的比尔·伯恩巴克(Bill Bernbach)非常关注人的"兴奋点",他说:"所有有效的创意哲学,其内核都涵盖着这样一种信念:没有什么比洞察人性更具效力。言辞的矫饰之下,人被何种欲望、何种本能而驱使和支配?"

20世纪中叶,伯恩巴克主持着世界上最好的广告公司恒美广告公司(DDB)。现在,这一殊荣归由 Crispin Porter & Bogusky 公司。他们大概也非常注意"追寻"人的欲望和本能。正如该公司负责创意的合伙人亚历克斯·博格斯基(Alex Bogusky)所说:"我们不要策划人,我们有很多的人类学家和社会学家,因为我们对于追风赶潮一点儿也不感冒。"毫无疑问,这些人类学家与社会学家所忙碌的无非是寻找人们的"兴奋点",为广告公司提供"绝妙"的创意。

遵循产生好创意的程序

说到这里,我想有必要给"创意"下一个定义。我听到过的最好的定义是:"创意即是旧元素的新组合。"这是詹姆斯·韦伯·扬(James Webb Young)在其《产生创意的方法》(*A Technique for Producing Ideas*)一书中所给出的定义,这本书已有超过45年的历史了,至今仍是广告创意方面的最佳"启蒙"读物。

该书出版已经 40 多年了，但仍然是"如何创意"方面的最佳读物。

詹姆斯·韦伯·扬认为，创意构思流程应当涵盖五个步骤：

1. 尽可能地搜集原始资料。
2. 充分"咀嚼"原始资料，构思初始创意。
3. 中止显意识思维，启动潜意识思维。
4. 随时准备迎接"灵光乍现"时刻的来临。
5. 加以改造、完善，使之切实可用。

这五个步骤看起来都是不言自明的，你大概会对我的不厌其烦感到疑惑。但当你得知真正自始至终地遵循了这五个步骤的人有多么少的时候，肯定会错愕不已。

先来看创意的第一个步骤。许多人都把希望寄托在"灵感"上，以为创意几乎可以凭空地倏忽而至，不需要多少准备。但凭空地倏忽而至的东西，非但原创性颇可怀疑，质量蹩脚也是大致可以肯定的。与此相反，你应当深深地沉浸到主题当中去。你拥有越多原始资料或"旧元素"，产生好创意的概率也就越大。正如法国生物学家、化学家路易斯·巴斯德所说："在微生物学领域，机遇只青睐有准备的人。"

科学领域如此，艺术领域同样如此。就世人眼中的 20 世纪最伟大的画作《亚维侬姑娘》（*Les Desmoiselles d'Avignon*）的创作而言，画家巴勃罗·毕加索本人认为，除了他对西方绘画技法

*Trocadéro，特洛卡迪罗，法国巴黎著名景观区域之一。

*Louvre，卢浮宫，法国艺术博物馆。

的精湛掌握之外，对特洛卡迪罗（Trocadéro*）的民俗博物馆、非洲雕刻艺术以及卢浮宫（Louvre*）等的观摩与研究也同样功不可没。这位伟大的艺术家并不是在剽窃。他是在广泛地搜寻、吸收已有的艺术元素，然后再将其重组、重构成为新的事物。

给自己预留充裕的时间

有些艺术家可能一辈子只做一件作品，而艺术总监通常只有几天的任务时间。"截止日期"的逼迫让他们惶惶不可终日，因而，创作过程进行到詹姆斯·韦伯·扬所说的第二步骤就戛然而止：第一步骤的准备工作完成之后，"草就"初始创意。事情到此为止。

在我看来，这往往不是创意人员的错。大多数公司都未能给员工预留充足的创作时间，员工个人的潜意识无从发挥作用。哈佛商学院的特蕾莎·阿玛贝尔（Teresa Amabile）教授认为，这会造成"创意窒息"现象。阿玛贝尔教授对商业领域的创意现象进行了30年以上的研究。根据其2004年开展的一项详尽而彻底的研究，她认为："时限紧迫的情况下，人的创造力最弱……时限压力会扼杀人的创造力，使人们无法完全专注于问题的解决。创意需要经过一段孵化期；人得在问题当中沉浸一些时间之后，创意才会汩汩而出。"

一旦创意开始"冒泡"、潜意识开始发挥作用（按照詹姆斯·韦伯·扬的说法），你就得准备好将点子付诸笔端。所以，我的建议是：笔不离手，随时迎接点子的不期而至，无论是傍晚、周末还是睡梦当中。

有些人觉得散散步、洗个热水澡或者看场电影就可以激发创意。也有人偏爱外物的刺激。大家都知道夏洛克·福尔摩斯喜欢可卡因，以下则是法国小说家奥诺雷·德·巴尔扎克对于咖啡（他的首选"兴奋剂"）的"药效"的讲述：

灵感如拿破仑大军团的阵队一般,向着久负盛名的战场快速开进,战斗异常激烈。记忆涌入,鲜艳的旗帜高高飘扬;隐喻的骑兵势若风雷;逻辑的火力凶猛,炮车轰隆向前;伴随着想象力的号令,神枪手瞄准、射击;结构、体裁以及人物赫然而出;墨迹遍布纸上。

不知道喝上一大杯金牌咖啡(Gold Blend)之后,你是不是也会灵感如泉涌,但不妨一试。如果有效,你就可以清醒地完成詹姆斯·韦伯·扬的创意过程的最后一步了:加以改造、完善,使之切实可用。

不幸的是,大多数创意团队都看不到这一点。他们以为其他人(客户人员、策划人员、flash动画设计师、排版人员、制作人员以及创意总监)会像他们一样小心呵护他们的创意,而他们的创意最终必然会按照自己设想的模样成型。他们没有意识到呵护自身思想产物的责任主要还在于自己。

事实上,由于对自己的独创力沾沾自喜,很少有团队会再次分析、对照既定的创意简报,以确保创意与客户的产品、潜在消费者、价值主张以及品牌形象完全相符;能够承受住各个阶段的客户批评以及制作流程,将广告作品的创意贯彻、坚持到底——以使其更有力、更切题、更有趣、更有说服力——的创意人员更是少之又少。

简言之,对于詹姆斯·韦伯·扬提出的五个步骤,大多数创意人员都是遵从但不完全遵循。这正是约翰·韦伯斯特所说的"行家"与"有天赋的新手"之间的差别所在。

创作过程当中的四大保证

你首先应当具备的两种东西看不见摸不着,对于这两种东西,我并不确信我可以帮上你的忙。第一种是专注力，第二种是……

不好意思，我本来是想卖个关子。第二种就是持久力。

专注力，说到底就是自律。这对于詹姆斯·韦伯·扬所说的前两个步骤尤其重要：搜集尽可能多的原始资料，并充分"咀嚼"。你一定会同意：如果是为劳斯莱斯幻影这样的产品做创意简报，要保持高度专注力并不太难。但如果是要搜集并消化 IBM 的"开放式存储系统"（Open Storage System）所有相关资料，这甚至会让斯蒂芬·霍金教授患上"注意力缺陷障碍"。

我始终认为，在研究、消化原始资料的过程当中，随手记笔记很有用处。很少有人能够过目不忘。拿出一张纸来，记下关键信息、注解、疑问、主意以及随想等等，这些都能起到提醒的作用。并且，运气好的话，说不定还能从这张纸当中提炼出一两个广告标题。

运气不好的时候，你可能什么都读不进去，心猿意马。要是这样的话，你必须强迫自己重新集中注意力，坐下来，再次投入工作当中。除此之外，恐怕别无他法。我的一位同事曾经把"集中注意力"说成是"绞尽脑汁"。他说的一点儿没错。

他人放弃，你继续坚持

所有这些单调且乏味的资料处理工作以及最后一个步骤的"改造、完善，使之切实可用"工作，都离不开第二个关键要素：持久力。指导过我的第一位创意总监德雷顿·伯德将我作为一名广告文案的最初成功归因于"别人都到点下班，而你则老黄牛般继续工作"。

确实如此，我之所以干得不赖，正是因为我比其他人更勤奋。但也不排除运气的成分。在我的心目中，文案人员这个工作精彩而又完美。事实上，我曾经将一则由纽约欧文·瓦齐广告公司（Erwin, Wasey & Company）创作于 70 年以前的"自我形象广告"

挂在办公桌旁的墙上，标题是"夜以继日"，标题之下的正文简洁而引人怀旧。它描绘的是文案人员孤灯伴影，彻夜修改、雕琢、润色广告文案的情景——正是这背后的精神为美国带来了繁荣和成功。

我也着迷于声名响亮的老牌广告公司：天联广告公司（BBDO）、博达大桥广告公司（FCB）、扬雅广告公司（Young & Rubicam）……我还深受大卫·奥格威、威廉·伯恩巴克与霍华德·戈西奇等广告巨人的影响，他们用文字、图画将自己的名字深深烙进其所在的世纪，而这个世纪也深受广告从业人员的影响。我阅读他们的著作，经常能够感受到他们对于我的文案创作的影响。我尽力全面而公允地认识他们，希望有朝一日可以写下一点东西，为他们所书就的历史添上一个注脚。

我建议你也在心中树立起一个美妙的憧憬——有关广告这个行业以及你本人在其中所扮演的角色。只有这样，你才能强撑着在周六的早上 8：45 滚下床来"再瞄一眼"上周未能搞掂的创意简报；晚上 7 点还在奉迎、"洗耳恭听"客户第六次的修改意见；或者，由于心知既有的构思在第二天的提案会上完全拿不出手，深夜 12：30 了还不得不开始第三次重做设计效果图。

我已经说过，这种"美妙的憧憬"很有益处，肯定能够增加你成功的概率。但还要注意，既有人因此而颇有成就，也有人被成功毁掉，变得妄自尊大。一句话：即使"事业有成"，也不要被胜利冲昏了头脑。

远离酒精！保持头脑活跃

在以上所述之外，我并不能为你一一指出所有有助于你唤醒自身决心和意志、体力和能力，让你在这个行业坚持得比其他人长得多的"诀窍"。但我可以肯定，保持身体健康、头脑清醒，对你有好处。为了身体的健康，重要的是不要酗酒、不要沾

★ WRITTEN AFTER HOURS

It is after hours and most of the people have gone home.

There is a chess game in the office of the production manager and a light still burns in the cashier's cage.

From the outer room comes the untutored click of a typewriter—an office boy is taking the Y. M. C. A. course in advertising.

Across the areaway a man bends over his desk, writing. A green visor shades his eyes.

From his twenty-eighth story window as he glances up from time to time he can look down on the jewelry of lights.

It is after hours, but he works on.

He will whip his copy into finished form before he leaves.

One of the layout men has put his drawing board aside and is going out to the elevators.

Under his arm he carries a tissue pad. A new idea is stirring in his mind. It will be roughed out in pencil before morning comes.

Six months from now you will feel it tugging at your purse strings.

It is after hours and most of the people have gone home.

But out in Bronxville and Great Neck, in London and Paris, in Chicago and San Francisco—in hotel rooms, on Pullman cars, on speeding planes and ocean liners this company's people are thinking about other people's businesses, working for men who are all unaware such work is going on.

A few hurried notes scrawled on the back of an old envelope tonight may be the key to next year's most productive advertising campaign.

Between the acts at the theatre an idea may come that will make sales history.

At home beneath the reading lamp a man may solve a merchandising problem.

Once a famous trademark came back from a camping trip.

These are phases of our service that perhaps not even our own clients have ever thought of before.

There is no mention of it in our Terms and Conditions. But all our clients have been the gainer for it and will be many times again.

Why such devotion on the part of men who have already given us their day?

Of no one here is asked more than he can do.

The client does not require it.

Again, why?

Anyone who deals regularly with men will tell you this is the kind of work that money alone cannot buy.

It is work done purely of free will and its real pay is pride in work well done.

Those who understand the creative mind will know just what we mean by that.

They know that the good workman, in advertising as elsewhere, asks no question save, how well can this be done?

Most of our men turned to this organization because they felt that with us they could approach their work in just that spirit.

All of us here hold that good advertising is advertising which is seen, is read and is believed—advertising which makes friends, builds good will—advertising which returns to the advertiser his investment with a profit.

To contrive with words and pictures advertising which can do these things is a challenge to men of fine talent and quick imagination who like to write and like to draw.

It is not an easy thing to do, and if we have been unusually successful at it, that is because we love the job and have given it our best.

The men who write advertisements for the clients of this firm would succeed in any branch of journalism.

Some of them have been on university faculties. One has edited a newspaper. Others are contributors to the magazines.

They know how to appeal to the public in the printed word.

They know how to sell.

The men who lay out and design our advertising are men at the top of their profession.

They are men who, were they not advertising men, would be well known illustrators and artists.

They know how to catch the public's eye by picture and design.

They know how to sell.

The men in charge of merchandising and contact responsibilities are seasoned business men.

One of them headed a great selling organization for many years.

They know how to fit the wings of advertising to the fuselage of business.

They know how to sell.

Research department? Expert media men? Direct advertising department? Merchandising department? Export facilities?—We have them all.

We have them all developed to a degree not equaled by any other organization that we know. And these departments are all essential in the rounding out of the service this house has made its own.

But quite the finest thing we have to give to those who come to us for counsel is the high enthusiasm of our men and a devotion to their work which is measured neither by the dollar nor the clock.

This, too, was written after hours.

ERWIN, WASEY & COMPANY, INC., *Advertising*

420 Lexington Avenue, New York · 230 N. Michigan Avenue, Chicago

夜以继日

早已过了下班时间,大多数人都回家了。

有人在制作经理办公室里下棋,出纳的屋子里也还亮着灯。

外屋传来生涩的打字声:嘀嘀、嗒嗒、嘀嘀嗒嗒。这是一位勤杂小弟在学习基督教青年会的广告课程。

在狭窄的过道,一个男人伏在案头写些什么。绿色的帽檐遮住了他的半个脸。

偶尔从所在的28楼往外望去,都只见一片灯光闪烁。

早已过了下班时间,但他还在工作。

他得把文案赶出来,最终定稿,然后才能离开。

一位排版工已将制图板收拾妥当,准备乘电梯下班。

脑海里浮现了一个新点子,手在草稿纸上奋笔疾书。午夜到来之前,稿子基本可以成型。

半年之内,你不得不"勒着裤腰带",苦挨度日。

早已过了下班时间,大多数人都回家了。

但在(纽约的)布朗克斯维尔村和大颈村,在伦敦和巴黎、芝加哥和旧金山的酒店房间内,在豪华卧车中,在高速航班上,在远洋客轮上,公司员工都在为他人(广告客户)加班加点,而他们对此毫无察觉。

剧院转场的间隙,你或许灵光乍现,产生了一个创造销售历史的点子。

在家中的台灯下,一个人可能解决了一个营销难题。

一次露营归来之后,某知名品牌起死回生。

诸如此类,不一而足,甚至我们的客户也闻所未闻。

合同中绝不会提到这些,但正因为这些,我们的客户才受益匪浅,而且将一直如此。

这些男男女女为何如此敬业,不惜献出他们的休息日?

没有人要求他们做这么多。

再一次,他们为什么这样?

任何一个经常与这帮人打交道的人都会告诉你,这与钱无关。

他们完全出于自愿,真正的回报是好作品带给他们的自豪感。

明白何为创造性思维的人自然能够体会那是什么意思。

他们知道,广告业与其他行业一样,好员工从来不问"为什么",除了如何将工作做得更好。

绝大多数员工之所以投奔我们,只是因为他们喜欢那种氛围,想与我们同甘共苦。

我们所有人都认为,好广告就是美观、可读性强、可信——有助于建立良好的客户关系,树立商誉,并进而为广告主的投资带来利润的广告。

好广告要求精心斟酌文字、设计图片,即使对于喜爱写写画画,又天资聪颖、想象力丰富的人来说,这也并非易事。

这并不容易。我们之所以较少搞砸,是因为我们热爱这份工作并全身心投入。

广告文案必然是极好的新闻工作者。

有的人曾经是大学老师。其中一位曾办过一份报纸,其他很多人是杂志撰稿人。

他们懂得如何利用文字吸引公众的注意。

他们精于销售。

我们的排版、设计人员都是业内的佼佼者。

如果不干广告,这些人将是知名的插画家和艺术家。

他们懂得如何利用图画和设计抓住公众的眼球。

他们精于销售。

我们的业务员都是精明的商人。

其中一人掌管一家大型销售机构很多年。

他们懂得如何量体裁衣。

他们精于销售。

研究部门?媒介专家?直邮部门?业务部门?外事部门?我们全有。

我们兵强马壮,任何公司都难以媲美。我们每个部门都至关重要。

我们能给客户的最好的东西就是无法衡量以金钱和时间的员工身上的高涨热情和忘我精神。

本文,同样,也是写在下班之后。

欧文·瓦瑟广告公司

染毒品。要是有人以为我会推荐那种叛逆、纵欲无度的兰波式（Rimbaudesque*）生活方式，他们必然会大失所望。阿尔蒂尔·兰波（Arthur Rimbaud）确是一位伟大的诗人——以及苦艾酒（absinthe*）酒徒，但这位老兄也因而在21岁的时候就"江郎才尽"了。但我确信，你直到彻底退休（大多数人都设定在45岁左右），都会对"狮子""铅笔"觊觎不已。要是这样的话，就应始终保持头脑清醒、感觉敏锐。即便工作期间确实无法避免，至少也要做到：午餐之时绝对不喝酒，周末、周一以及周二晚上尽量不喝酒。

你还应当始终积极活跃，也即始终保持良好的工作状态。一有提案机会，随时毛遂自荐；一有他人无力承担的工作，不妨主动请缨；一有闲暇就不忘练习、见缝插针。揣摩、试探既有客户的新需求，并说服上司和你一块儿向客户贩卖。无论其他人是否不思进取、得过且过，你本人必须始终"竭尽所能"。

即使你的努力没有立刻获得他人认同，也不要灰心；即使暂时落在他人后头，也不要沮丧。无论哪一创意行业，总有一些幸运儿能够等到被缪斯女神垂青的时刻。

比如，曾经有一个叫彼得·萨尔斯泰德（Peter Sarstedt）的小伙子，他在1967年创作出了史上最成功的一首流行歌曲。那首歌叫《你去了哪里，我的爱人？》（Where do you go to, my lovely?），你或许听过。收录这首歌的唱片卖了数百万张，并连续六周处于排行榜第一位。人们热切期待、最终等到的他的下一个作品叫《五光十色的次贵重塑料复活节彩蛋》（Many coloured, semi-precious plastic Easter eggs）。他再之后的作品，恐怕是"你去了哪里，彼得·萨尔斯泰德？"有谁知道吗？请告诉我。

拳王穆罕默德·阿里的建议

想要获得持久的声誉，就得长期坚持，努力不止。根据马尔

---

* Rimbaudesque，兰波式的；Jean Nicolas Arthur Rimbaud，让·尼古拉·阿尔蒂尔·兰波（1854—1891年），或译阿尔图尔·兰波、韩波、林包德。法国著名诗人，早期象征主义诗歌的代表人物、超现实主义诗歌的鼻祖，甚至被贴上"第一位朋克诗人""垮掉派先驱"的标签。

* absinthe，苦艾酒，一种带茴香味的绿色烈性酒，被称为"绿色缪斯""法国毒药"，艺术家和诗人趋之若鹜。

科姆·格拉德威尔（Malcolm Gladwell）的《异类：不一样的成功启示录》（*Outliers:The Story of Success*）一书，成为"天才"之前，必须潜心练习1万小时。假如你的目标只是成为公司最优秀的人，我敢打包票，你的练习时间可以少得多。或许你会有不同的判断，但干创意至少有一个"优势"：许多相关练习可以利用"边角料"时间顺带地做了。

比如，等巴士、地铁或火车的时候，你可以看看周围的广告。想一想这些广告的目标受众、产品以及销售主张。然后推测哪些广告能收到实效，哪些会搞砸，久而久之，这将帮助你更好地塑造自己的创作理念，进而指导你做出更好的广告作品——无论何种媒体平台。

在下一趟11路巴士到来之前的10分钟之内，会计无法走向一位陌生人，询问是否需要纳税申报服务。牙医也不能趁着排队的时间问旁人是否需要检查一下牙齿啮合状况。为了练习、提高技能，创意人员可以轻易地做到"拳不离手，曲不离口"。想想吧，你是多么幸运。

"拳不离手，曲不离口"大概是件苦差事。确实，但这是进步、成功的必然代价。听听拳王穆罕默德·阿里怎么说，"比赛当中的输或赢，远非仅如观众所见——走上拳台尽情施展'蝴蝶步'之前，我经历过了长期的默默无名、挥汗如雨、砥砺奋进的生活。"如果你想在格罗夫纳屋酒店（Grosvenor House）或卡尔顿海滩酒店（Carlton Beach）的灯光下挥舞手中的奖杯，那就"砥砺前行"吧。

与强者为伍

如果你已经走上了"砥砺前行"的道路，你将遭遇"詹姆斯·韦伯·扬流程"所要求的第三、第四种保证性要素，也即"真正入行"所需掌握的专业技能和营销知识。

> **Note**
>
> 你所在的公司或许有一笔"闲置"的培训预算,想办法用掉它。

在律师、医生等行业,专业技能和知识的学习与浸淫类似于不可或缺的"入行仪式"。而在广告创意行业,此类学习大抵是浅尝辄止而已,有如蜻蜓点水。我的建议是:清空归零、深扎远潜。你所在的公司或许有一笔"闲置"的培训预算,想办法用掉它——死缠烂打,说服上司送你去学习一些外部课程。不断地改进、完善你的职业技能。

最好同一位比你更优秀的人搭档。为什么?喔,为了在某个体育项目上有所建树,你大抵会去找一些水平比你稍高的人比赛,因为这会督促你向他们看齐。正如斯坦福大学经济学教授卡罗琳·哈克斯比(Caroline Haxby)的研究所表明的,教育、培训领域同样存在"同群效应"(peer effect*)。学习技艺的过程当中,些许强度适宜的竞争关系会更好地促使你不断进步。

如果你能如愿取得进展,也就有机会超过搭档以及或所有同事。假使那样的话,你可以考虑换个环境,寻求新的刺激与挑战。如果你真想接受严格的考验,那就去集团化、网络化运作的公司谋求一份工作。由于提案、审核流程更加复杂了,最终做出好作品也就更加不易了。但是,请相信我,正因如此,你才能收获更多的成就感——我职业生涯的20年当中有17年是在此类公司度过的。

发挥自身优势

寻求自我提高的过程当中,你还应该为自己找一位导师。如果你很仰慕公司里的某些人,不妨和他们打成一片。"研究"他们做事的方式方法,请教他们为何做得这么好,然后"择其善者而从之"。其中最好心的人很可能会向你推荐一些他们曾经读过的书。让上司购进这些书。如果你跟上司说,你读过后会将其添入公司图书馆,他一般不会反对。

并非所有的同事都喜欢看书。多少有些让人感到沮丧的是:

---

* peer effect,同群效应。人的行为不仅受到价格、收入等个体性经济利益的激励影响,同时也会受到他周围的与他相同地位的其他人影响。也即中国古语所谓"近朱者赤,近墨者黑"。

你即使每年只读一本书，也属于本行业看书最多的5%。你甚至可能因此成为同事眼中的权威。这简直"妙极了"！这么说或许更确切些。之所以"妙极了"，是因为几乎不费吹灰之力，你这只勤奋好学的"菜鸟"就获得了相对于那些"不思上进"的"菜鸟"同事（也即对手）的优势。

例如，大多数广告人竟然从来没听说过大众汽车公司的《雪犁》（*Snowplough*）广告。让我感到不可思议的是，从来没听说过汉堡王的《听话的小鸡》（*Subservient chicken*）这一病毒式广告的广告人同样不在少数。这就像想从事电影行业的人既不知道《公民凯恩》（*Citizen Kane*），也不知道《黑客帝国》（*The Matrix*）。电影人无法容忍此种知识匮乏，为何广告人可以容忍？

当然也有人对阅读行为嗤之以鼻。广告名宿约翰·赫加蒂爵士（Sir John Hegarty）曾经说过一句著名的话："我最不屑于做的事情就是阅读广告书籍。"他或许不用读。但总的来说，此类市侩、伦俗之风俨然营销行业之洪水猛兽。

你要是不信，以下就是本行业极其缺乏知识、技能方面的培训和积累的显例。斯坦利·波利特（Stanley Pollitt）和史蒂芬·金（Stephen King）将客户企划（account planner）这一职位引入广告公司已经40多年了，但由于岗位知识和技能的积累以及优秀从业人员是如此的匮乏，以至于两代人的时间过去之后，你仍然有可能会以为这个职位的创设不过是两个月之前的事情。

让老板买单

如果你想提升自己的专业技能和营销知识，下列书籍颇为有用：

- 《戈西奇之书》（*The Book of Gossage*），作者：霍华德·勒克·戈西奇（Howard Luck Gossage）
- 《奥格威谈广告》（*Ogilvy on Advertising*），作者：大卫·奥格威

- 《公众风潮：互联网海啸》（Groundswell），作者：查伦·李与乔希·贝诺夫
- 《嘿，惠普尔，用力》（Hey Whipple, Squeeze This），作者：卢克·萨利
- 《定位》（Positioning），作者：阿尔·里斯（Al Ries）和杰克·特劳特（Jack Trout）
- 《全球32位顶尖广告文案的写作之道》（The D&AD Copy Book），英国设计与艺术指导协会编纂
- 《引爆点》（The Tipping Point），作者：马尔科姆·格拉德威尔
- 《产生创意的方法》（A Technique for Producing Ideas），作者：詹姆斯·韦伯·扬
- 《真相、谎言与广告》（Truth, Lies and Advertising），作者：乔恩·斯蒂尔（Jon Steel）
- 《久经考验的广告创意法》（Tested Advertising Methods），作者：约翰·卡普尔斯（John Caples）
- 《"一对一"的未来》（The One-to-One Future），作者：唐·佩珀斯（Don Peppers）与玛莎·罗杰斯（Martha Rogers）
- 《许可营销》（Permission Marketing），作者：塞斯·高汀
- 《创建强势品牌》（Building Strong Brands），作者：大卫·阿克（David A. Aaker）

以上书籍，有些已经绝版，但如果你有决心，应该可以找得到一些。可以试着去行业协会图书馆找一找。当然，还可以上亚马逊、易趣查看一下。如前所述，即使书价偏高，公司通常还是愿意买单的。如果你所在的是一家集团化、网络化运作的公司，各处发发邮件就大抵可以找到你想要的书。

上述各书大都是经典书籍，时至今日，很少人阅读，但仍经常引述。我并不赞同以上所有书籍的观点，但我的个人评价

业界智者杰里米·布尔默尔不仅向你推荐他本人的书，还推荐其他人的书。

不重要，重要的是你对这些书的认真研读及其对于你把工作做得更好的助益。

如果你还在怀疑行业知识和技能学习的重要性，我们看看另一本书——你一定读过——是怎么说的吧。业界智者杰里米·布尔默尔（Jeremy Bullmore）的《牛上加牛》（*More Bull*）：

> 对你来说，上班头一天的午饭之前就想出来一个"令人拍案叫绝"的创意完全有可能（尽管我没有）；而绝无可能的是，你还知道这为什么是一个好创意。这是一种需要时间来培养的技能……如果不培养并保持强烈的行业好奇心：本行业为什么会出现和存在、如何发生作用、本质是什么，广告人迟早会感到厌倦、疲惫，也迟早会被扫地出门。

好啦，你，还有我，都相信你是不会被扫地出门的。但我们现在必须搞清楚：截至目前，你的上司（们）是否认可、欣赏你所做出的各种努力，是否给你"脱颖而出"的机会？

如果没有，那就把这本书放在他们的办公桌上，翻到下一页。因为接下来要讲的是"（上司应该）如何营造让你创意如泉涌的工作环境"。

2.

如何营造创意如泉涌
的工作环境

How to create an environment in which better work will flourish

想不想让公司做出更好的广告作品?那好,我会给出一些经济的建议,并告诉你一些"不要"。

不要希冀于名头响亮的创意总监,以为他们会有魔力"照亮"整个创意部门,会给公司作品带来"点铁成金"般的改观:根本没有"魔力"这回事。也不要指望偶尔的创意闪光就足以"激活"思维的死气、沉滞。

假使创意的过程当中存在任何"魔法",那也不在于创意总监或者任何其他同事。要创作出更好的作品,每个人都必须各司其职、各尽其责,"诀窍"就在于营造一个大家都感到自在、轻松且人尽其才的环境。为此目的,你要做的就是将高层管理人员召集起来,开一个短会,问他们三个问题。

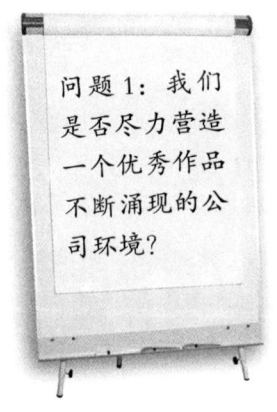

问题1:我们是否尽力营造一个优秀作品不断涌现的公司环境?

你所探讨的"文化"与梅尔文·布拉格(Melvyn Bragg)或艾伦·叶托柏(Alan Yentob)所主持的电视节目当中的戏剧、电影、艺术、文学等无关,与其他任何具体的文化门类也无关。上述"文化"与人类生活的某一具体方式或层面有关,你所须关注的"文化"则与"你所树立并向公司内部所有人员推广的看法和态度将如何影响你以及你的同僚"有关,仅此而已。

大多数广告公司都宣称创建了自己的企业文化,而实际上仅仅是制订了一套希望员工能够切实加以遵从的日常性流程。然而,企业文化必须渗入员工工作的所有层面。唯有如此,员工才能充分理解其所处环境——应尽之责、所司之职、团队和个体兼顾的共同目标。

企业文化——你所倡导的态度和行为、你所主张的标准以及你所树立的"标杆"——源自企业的价值观。这些指引将造就共同的员工关切以及公司凝聚力。

缺失了企业文化以及由此而来的共同的员工关切以及凝聚力,人们几乎必然会各行其是。大家都曾见识过办公场所当中的"社会达尔文主义"(弱肉强食)争斗(Darwinistic chaos)所造成的糟糕后果。要想加以避免,请回答如下问题。

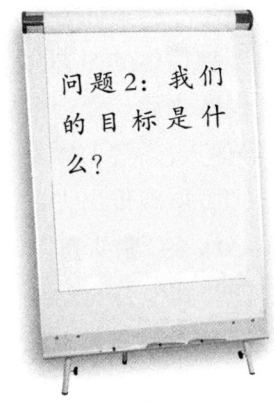

(公司的目标)是"丰厚的利润"吗?这是毫无疑问的。如若不然,何苦经商?问题是,公司的首要目标必须是能够和同事、广告客户"共享"的。"朝着18%的第一季度同比增长目标而努力。立刻!马上!现在!"无法鼓动员工将自己"拎"出被窝——在一个寒冷而阴雨绵绵的清晨。

更何况,如果客户知道"唯利是图"就是你的首要目标,他们必然会怀疑你会为此"不择手段"。而且,你也一定会同意,这并非构建良好的客户关系的适宜基础。

那么,良好的客户关系是你们"存在的理由"吗?很显然,这是理所应当的:在商言商,拿钱干活。然而,他们购买的很大程度上是你的专业技能和经验。当你的专业技能和经验的"结晶"与客户的预期相冲突、抵触的时候,你的"衣食父母"很可能因而对你"冷眼相待"。

此外,如果"让客户开心"就是"一切以及唯一",那公司就有沦落为客户的"应声虫"的危险。公司成了"应声虫",员工就开心不起来了,"强颜欢笑"毕竟不是长久之计。

又或许,你会以为你的目标应该是创作获奖作品。那你就错了。创意人员的目标绝不是吸引眼球、打动评委。广告公司的目标应当是吸引潜在消费者的注意,使其被广告作品中的卖点深深打动,并因而购买你的客户——而非其竞争对手——的产品。如果不是这样,你就入错行当了。尽管如此,在我看来,这依然不是广告公司最重要的目标。

广告公司的管理者必须为之奋力的首要重点应当是:快乐且高效的员工。

相信我,没有快乐且高效的员工,广告公司的盈利能力、良好的客户关系以及作品质量都无法长久。

为什么工作的重心应当是"快乐且高效的员工"?请回答以下问题:雇用并留住业内一流人才有多"贵"?相信你的回答会是:"非常。"但有了一个快乐且高效的员工团队之后,你会发现:(1)员工不会轻易离开,因而你不用另寻他人;(2)你支付的员工薪酬可以比行业水平低10%~20%;(3)口碑传出去,你就不需要向猎头公司支付员工首年年薪10%~20%的"猎头费",却依然可以轻易招到新人;(4)即使不涨工资,其他公司的人可能也愿意投奔你——事实上,你会发现即便降薪,有些人也愿意与你们共事。

听起来不错。不是吗?那如何才能让员工既快乐又高效呢?好,接下来请你和你的高管回答最后一个问题。

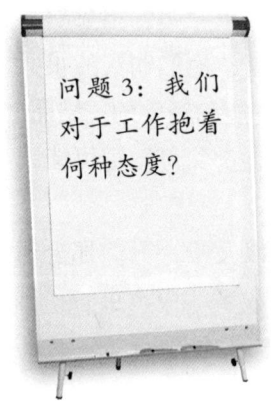

恐怕很多人都把工作当作"必不可少的恶"(necessary evil)——每天为之耗费八九个小时、换取"货币",用以支持"真正"并"快乐"的生活。

劳动者的时间沦落为现代化批量生产体系当中的零件,早已不是新鲜事。弗雷德里克·W.泰勒(Frederick W. Taylor)首创的"科学管理"理论在密歇根州的福特汽车高地公园(Highland Park)工厂得到了极好的展现。在这儿,工人每天要在装配线上工作十小时以上,把蝶形螺母钉入T型车,隔几秒再钉、再钉……直到——谢天谢地——下班的时间终于到了。

不久之后，工厂当中的"劳动者异化"现象扩散至白领阶层。下面是美国当代文学大师理查德·耶茨（Richard Yates）的《革命之路》（*Revolutionary Road*，1961）一书的主人公所描述的他对于营销行业的职业目标：

> 我想进一家大而臃肿的老公司，它跌跌撞撞，历经百年，苟延残喘。他们必须每个职位雇用8个小伙子，为了不使任何人感觉到其所做的工作有多么的枯燥。真想进入一家这样的公司，然后我就可以说："你看！我每天都在公司待上不多不少的几个钟点——恪尽职守、满脸堆笑，公司则给我不多不少的几个钱。下班时间一到，风吹云散，各图清静。你能想象这是怎样的一幅情景吗？"

是的，这画面生动却又令人沮丧，而且"似曾相识"。读过马德琳·邦廷（Madeleine Bunting）的《甘心为奴：加班文化如何统治我们的生活》（*Willing Slaves: How the Overwork Culture is Ruling Our Lives*）或者临床心理学家奥利弗·詹姆斯（Oliver James）的《流行性物欲症》（*Affluenza*）的人都了解白领的"工作愤恨"。在英国尤其如此。FDS国际集团公司（FDS International）对23个国家13 832名工人进行的调查表明，在劳动者异化"联赛"的积分榜上，英国名列第二，仅次于"悲惨世界"当中的法国工人。该项调查还是在世界经济崩溃之前开展的，现在英国(以及其他国家)工人的不满还在日益加深。正如斯特凡·斯特恩（Stefan Stern）2009年1月在《金融时报》中发表的文章所总结的那样，"不安全感真真切切地存在着，并非虚构。幻灭感四处弥漫。"

人人（包括财务总监）开心

无论身处甲方还是乙方，干了几个月之后，办公室里的人们

> **Note**
>
> 如果你鼓励员工"争创一流",他们将很乐意为你工作,与你同心同德、共进共退。

都开始变得萎靡不振、心猿意马了。工作上敷衍塞责、得过且过,并不真正关心"沟通信息"的传达。就他们而言,"沟通信息"的传递和发布本身就是目的而非手段。上司也定然无法提供真正有效的指导。甲方高层只想着如何花光预算,否则就会被削减。乙方高层则不惜一切代价确保"财源滚滚",否则就分红无望。与此同时,基层员工死死盯住钟表,计算着下班的时间。所有这些,意味着广告受众所能接收的只能是上个月、上上个月就发布过的、批量制作而成的陈腔滥调。

你的公司是否如此?当然不是。因为你们的工作态度与此截然不同,你们所有人都知道应当抛弃旧有的条条框框、锐意创新,应当致力于创造最稀缺、最有价值的一流作品。

如果你鼓励员工"争创一流",他们将很乐意为你工作,与你同心同德、共进共退。为了达成工作目标,他们会自愿加班,并非为了加班费,而是为了获取工作本身带来的尊严和自尊。不同于竞争对手的闷闷不乐的"工资奴隶",你的员工并不感觉上班时间与下班时间有太大区别。事实上,回家之后,他们甚至会向爱人"炫耀"自己当天的工作成果。

简言之,员工会对自己的工作成果感到满意。不仅如此,你的客户也会感到满意,他们甚至因此愿意为你的作品支付高价。

那也会让你的财务主管乐不可支。但对于其他人而言,激励他们的绝对不是"钱"。我们再来听听哈佛商学院企业管理系主任特蕾莎·阿玛贝尔教授所说的:"员工当然希望他们的劳动能够收获公平合理的回报。但我们的研究表明,人们更加关心工作环境是否鼓励、重视、肯定员工的创造力。人们希望有机会深入参与到工作当中,取得切实的工作进展。"她断言,"态度认真、能力得到充分施展的时候,人的创造力最高。"

使人人匠心独具

那么，应该如何鼓励员工认真工作呢？

很简单：培养员工对于"手艺"（craftmanship）的尊崇。我知道"手艺"会使你的脑际浮现出从前的木匠和石匠的样子，但我的所指其实是"手艺的崇奉"。

"手艺"所崇奉的某些观念之于"数字时代"与中世纪的"黑暗时代"同等重要。理查德·森尼特（Richard Sennett）在其《匠人》（*Craftman*）一书中指出了这一点。他写道，Linux 操作系统的编程人员不断地为"开源代码"数据库添砖加瓦，而得到的回报不过是老式的荣誉感、同行的尊重以及自身"手艺"的淬炼。

"手艺"离不开训练，训练员工是高管的职责所在。所有管理人员都必须致力于员工培训。想要培养一种创造性的公司文化，就必须为员工预设工作标准，然后向其传授必要的技能。例如，最基本地，你得教他们如何撰写营销/创意简报、如何贩卖作品、如何主持会议以及如何撰写联络报告（contact report）、策略文件（strategy document）等等。

你大概注意到了，我至今压根就没提到"创意"工作。这是因为，"质量癖"应当延展至一切工作以及工作的一切。这就意味着你每次参加客户会议都应当有所斩获。你所发送的每一份文件都应当饱含真知灼见。每一份联络报告都应当是清晰、明确、简洁的杰作。

以上各种工作，都要求谋定而后动，因而是锻炼创意力的极好方式。因此，对于这些工作你必须足够认真、投入，就如创作大众纸媒广告、网页横幅广告或插页广告一样。

使员工醉心于学习

又回到了培训话题。培训事宜不能授权给某些中层"培训主

> **Note**
>
> 所有管理人员都必须致力于员工培训。想要培养一种创造性的公司文化，就必须为员工预设工作标准。

管"，他们大抵会"哄骗"大伙儿开展一两次"午餐时间研讨会"，就此了事。公司负责人必须亲自负责，让高层人员向大家分享个人知识、观点等，并传授工作方法。你的公司文化必须督促高层人员身先士卒、以身作则，为员工树立学习的榜样、进取的标杆。对于这些要求，公司高层如果不情愿，那就是失职；如果公司高层不具备组织、领导此类学习和培训活动的能力，公司不够强大的原因也就基本确诊了。

公司领导还应当鼓励一种最基本的学习形式：阅读。

若能向员工提供"公司荐书"（可参考前一章末尾所附书单），必定会大有裨益。在 HTW 公司*，我们组织了读书俱乐部，会员可以聚在一起，一边讨论，一边小酌几杯。书（以及酒）的开支当然是由公司买单——如有机会，公司还会出资邀请图书作者前来交流。

* HTW，作者本人与蒂姆·帕滕以及马丁·特劳合伙成立的一家广告公司。Harrison Troughton Wunderman 的缩写。

之前的推荐都是商业类书籍，但人们现在认为广泛涉猎是促使员工破除自满、自大心理，汲取各学科资讯、见解的好办法。《金融时报》最近报道，康力斯钢铁集团（Corus）、柏德豪会计师事务所（BDO Stoy Hayward）、壳牌（Shell）、联合利华（Unilever）等各行业公司都在向员工分发书籍。联合利华的一位发言人声称："向员工分发书籍的目的是扩展员工思维，督促他们接触新思想和新观念。阅读可以让人接触到新的观点。"

延请其他行业的专业人士

督促员工阅读当然也会遇到一些问题。有的人偏偏不喜欢，年轻人尤其如此——请原谅我这样统而概之。塔玛拉·埃里克森（Tamara Erickson）有一本书叫《新人新气象：80 后生猛指南》（*Plugged In: The Generation Y Guide to Thriving at Work*），其中的一位受访者说："我不可能把一本那样的书读完。一篇博客文章或许还行，一整本书是不可能的。"

倘若实情如此，在鼓励他们自觉克服此种"孩童式"挑剔情绪的同时，你还应寻找其他激励方式。例如，"外部演讲者"。

首先要识别那些绝对不能延请的"专家"：将员工带离工作场所，向他们传授诸如头脑风暴（brainstorming）、"脑浴"（thought-showering）、思维导图（mind-mapping）与横向思维（lateral creative thinking）等等技巧。

根据我的经验，以上所谓"技巧"根本就是故弄玄虚。经过了若干天代价高昂的离职培训之后，有的人反而因此变得不切实际，以为终于得到了缪斯女神的眷顾。但空想无益，公司并不能随之兴旺发达。事实上，能从这些培训当中受益的只有站在白板前面口若悬河、奋笔疾书的那个人。他热切地向所有人保证，"真的，伙计们，创意本天成，妙手偶得之！"相信我，那是不对的。支付他每天1500英镑的培训费，就是一个"坏创意"。

把这笔钱省下来，问问员工是否有"仰慕已久"的策划师、产品设计师、社交媒体专家、客户总监或排印工。然后（每人次）花个几百英镑请他们来公司与员工交流。

学术界不乏乐于接触公司生活的才学之士。在 HTW 公司，我们会时不时地请布里斯托商学院的营销教授艾伦·塔普（Alan Tapp）博士过来演讲，丰富我们的思想。

此外，培训不能止步于若干核心营销课程。请演员指导员工如何克服紧张情绪、吸引受众的注意力。邀请（英国）皇家空军飞行员分享其在压力之下做出决策的经验。试着邀请所在城市声誉最高的餐厅领班来讲一讲如何提供"无可挑剔"的客户服务，或者邀请记者前来讲解如何在时限紧迫的情况下把文章写好。

以上各种实用知识都有助于你的员工更好地掌握本行业知

如果有人说："创意本天成，妙手偶得之"，你大可以不信。

Note

问问员工是否有"仰慕已久"的策划师、产品设计师、社交媒体专家、客户总监或排印工。

识。除此之外，员工要学的东西还有很多。套用吉卜林（Kipling）的一句话，"那些只了解广告的人，对于广告能有几分了解？"

让公司门庭若市

你可以给员工一些月度补贴，让他们外出参加社交或展览活动。有可能员工们更愿意去看迪士尼的《狮子王》而非莎士比亚的《李尔王》。随他们去吧。假如人们都在看《狮子王》，那你和你的同事就也应当去影院里找一个位置坐下来，"与民同乐"。

另外，每年一次地，你应当召集各路豪杰前来"参观"你的公司。坚信本公司的创意水平，将过去12个月的最优秀作品展列出来。此类展示将会起到多种作用。这会让客户、记者和潜在消费者以及——没错儿——你的员工感到"眼前一亮"，员工们或许并没有意识到公司已经做出了这么多的作品。这在展示公司在创意方面的自信的同时，还将极大地鼓舞员工士气。将创意庆祝活动转变成一年一度的社交盛事，还将强化本公司的企业文化。当然，不仅如此，这还非常有趣。有趣非常重要。

谈到这儿，你还可以让员工"展现自我"——除了"卖东西"，所有的人都会有自己的个人喜好。众人狂欢之时，无妨"且饮且歌且醉去"。

更好的展示形式是，闲聊式（Pecha Kucha style）展示。闲聊式展示是急智卡拉OK的形式之一，起源于东方，近似于自娱歌唱会。规则大致如下：每位演讲人展示20个幻灯片。每张幻灯片的预设播放时长为20秒，时间一到，自动转入下一张，不可中途停顿。因此，幻灯片讲解一旦开始，时间掌控必须精确到秒。

这对于必须参加广告提案的人是极好的训练，同时——我得说——也非常有趣。我曾经在某届戛纳国际广告节上组织过一次 WPP 集团范围内的闲聊式展示活动。平时分布于世界各地的首席执行官、执行创意总监等等自命不凡的家伙们——分别来自智威汤逊（JWT）、奥美（Ogilvy）、坎特（Kantor）、传立媒体（Mindshare）以及扬雅等公司，再加上马丁·索雷尔爵士（Sir Martin Sorrell），全都集中到了马丁内斯酒店（Martinez Hotel），济济一堂。其中很多人可谓大名鼎鼎。他们固然是见过大场面的，但依然不免紧张。你的员工肯定也会感到紧张，因而，你应当在本公司的闲聊式展示会上发挥表率作用，就如那一晚的马丁爵士。

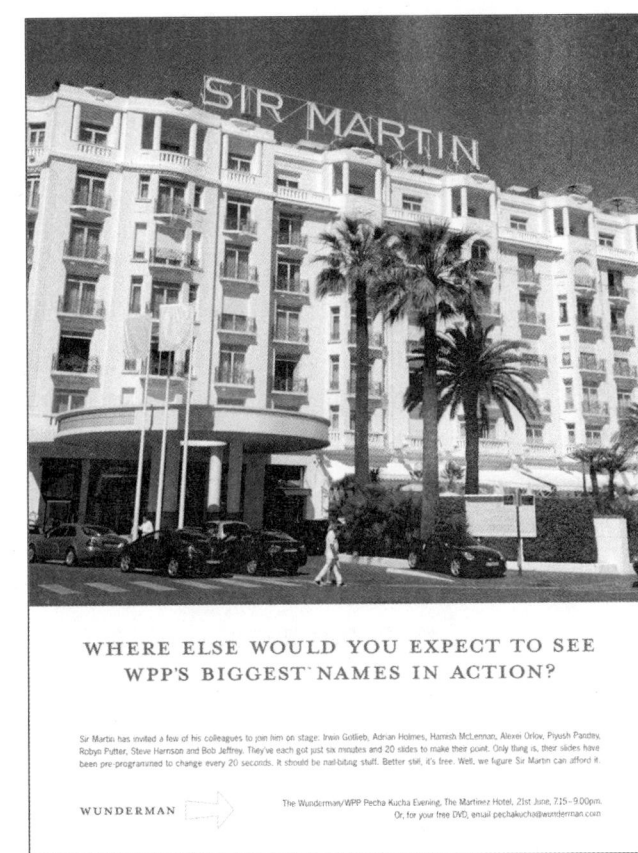

这就是有马丁·索雷尔爵士以及 WPP 集团众多高管参加的戛纳国际广告期间的"闲聊式展示之夜"相关宣传海报。

为员工的假期支付双薪

你还可以每年组织一次覆盖客户、营销、创意等所有业务领域的"建言献策"大赛，奖品是为期一个月的带薪休假。"建言献策"大赛要求所有人各自提交一份 300 字的提案。这种集思广益的做法将充分调动公司上上下下的积极性——不仅是构思、提交提案的头几周，在"优胜者"所提建议得以实施并带来了切实的成果之后也是如此。

对于带薪休假，我在 HTW 公司的搭档马丁·特劳想出了一个与众不同的点子：如果员工决定将自己的带薪年假由通常的7天延长至两周，公司将为其第二个7天支付双倍薪酬。你可以想象，这使公司对新员工变得更有吸引力了。你可能会感到疑惑，双薪鼓励员工去诸如斯里兰卡或者布宜诺斯艾利斯等地方度假对公司业务到底有何益处？

喔，之前我们提到过，詹姆斯·韦伯·扬对"创意"的定义是："创意即是旧元素的新组合。"双薪政策必然会促使你的员工"去更遥远的地方待更长时间"。员工的身心将因而（在一段时间之内）更加彻底地从工作的桎梏中解放出来，充分汲取崭新的生活阅历和体验。正如本书第1章所讲到的，越是广泛、深入地体验或理解生活、"旧元素"积累越多，就越有可能出来好创意。

当然，如果你不愿意为员工的假期支付双薪，也是颇可原宥的。如机智诙谐的美国幽默家、随笔作家多罗西·帕克（Dorothy Parker）所说，"你可以让一个娼妓从良，但很难让她学会思考。"倘若员工自身不愿学习，公司的钱花出去了，响儿都听不见一个。

雇用好奇且稀奇的人

广告公司最忌骄傲自满、不思进取情绪的滋生。招聘新人的时候，一定要小心那些自我感觉良好、居功自傲的人。最优秀的人大都"战战兢兢，如临深渊，如履薄冰"，他们唯恐江郎才尽。这种忧患意识——好奇心——是自我提高的不竭动力。

我说的是极其优秀的人。我曾经问大卫·奥格威，"最终感到'功成名就、高枕无忧'是什么时候？""大约5年之前。"他回答道。当时他已经是85岁高龄了。

公司自身必须"学习大卫好榜样"，同时还要着力去发现、延揽那些"不求最好，只求更好"的新人。你将发现，这些人无

> **Note**
>
> 广告公司最忌骄傲自满、不思进取情绪的滋生。

最优秀的人往往安全感不高，更不愿意抛头露面。我曾经问大卫·奥格威，"最终感到'功成名就、高枕无忧'是什么时候？""大约5年之前。"他回答道。当时他已经是85岁高龄了。

不行业兴趣浓厚。因此，面试过程中，你可以询问应聘者最近读过哪些行业书籍，并让他们向你推荐一本。你还将发现，最好的应聘者对于生活同样充满好奇。因此，你还应该询问他们有什么爱好、去过哪些地方以及闲暇时间如何安排。

接下来看另一个方面，稀奇。我曾经与一些极有天分的人共过事，其中某些人颇为特立独行，甚至可称性情古怪。我所说的并非那种刻意的、矫揉造作的"古怪"，而是天资卓荦。但也可能是因为他们以前有过若干其他行业的工作经验。这是一种非常有利的条件，这意味着他们已经积累了足够的、不断推出"绝妙"创意所需要的"旧元素"。"有则改之，无则加勉"：无论是否特立独行，面试新人时，最重要的问题仍然是"他们是否比这个阶段的我更为优秀？"如果答案是很肯定的"否"，那就继续你的搜寻。如果答案是很肯定的"是"，那就录用，不要犹疑；倘若再有你的悉心指导，他们的未来不可限量。以上原则不仅适用于创意人员的招聘和录用，也适用于其他职位——无论哪一层级——的招聘工作。我已经说过，如果你想要创建一种鼓励创意的组织文化，那就必须使之渗透公司的每一层面，使之浸染公司的每一人。

哪些人应该敬而远之

面试新人的时候，你难免遇到这样的人：对你所在公司的"信条"——创造力满口应承、假意敷衍。招聘职位越高，你越有可能遇到这种长于虚与委蛇的"朋友"。可能错不在于他们自身，而在于其他公司文化、价值观念和行为方式的长期"熏陶"。长期的潜移默化之后，他们很难完全抛弃与你所在的公司格格不入的另一套"信条"。他们当然会在表面上与你保持一致。但实情往往令人失望：在很多高层管理人员看来，创造力就像爱人之间的贞节——赞许固然是应当的，可一旦受到些微的诱惑，就会"弃之如敝屣"。

你有时候难免百密一疏，所托非人。没关系，就像机体内的白细胞水平会自动升高以抵御病毒一样，其他员工很快会将"异物"识辨出来——通常是在你之前。你只需确保他们会尽快告诉你。

如果你觉得这不管用，那就尽快以合法的手段解除合同，请其考虑其他更适合的公司，并帮忙打听面试机会。工作做不好还让他们继续待在公司对他们来说也很痛苦，而对那些工作进展顺利的人来说则是不必要的负担。当机立断殊为可贵，但说来容易做来难。我的第一位创意总监克里斯·琼斯（Chris Jones）（当时与德雷顿·伯德搭档，之后成为极其成功的克雷克·琼斯公司的创始人之一），是一位优秀的艺术总监（我现在依然这么认为），在创意的评判和处理方面眼光毒辣、手法泼辣，但在和创意人员打交道方面就不怎么在行了。

在一个星期五，克里斯把一位美术指导叫到办公室，打算

> **Note**
>
> 在很多高层管理人员看来，创造力就像爱人之间的"贞节"——众口交赞，可一旦受到些微的诱惑，就会"弃之如敝屣"。

将其解聘。这次谈话很短促，他向这位美术指导道歉，说"实属无奈，但你下周一不必再来了"。这位美术指导内心颇为窝火，周一在家睡了一个懒觉，周二又愤愤不平地过来上班，连续五周如此。他自创了一套新的"作息制度"，直到克里斯正式宣布解聘。

如何识辨巧言令色之徒

这位艺术总监的做法无疑过于温吞。"错误"的雇用有时会贻害无穷。根据英国陆军军官选拔手册，"选拔过程中，特别要注意剔除那些粗鄙但富有魅力的'领袖'。如果某'领袖'可以轻易左右他人，却缺乏足以理解自身行为之后果的智力、务实精神以及常识，就再危险不过了。"（你会发现，桑赫斯特［Sandhurst］的那些原则同样适用于 Shoreditch* 与 Soho*）。

如果你不知如何识别这种巧言令色的家伙，那就看一看电视真人秀节目《谁是接班人》（*The Apprentice**）。你可以从中看到种种讨好卖乖、谄媚奉承的嘴脸，一抓一大把。

识别出了谁是投机钻营、曲意逢迎之人，事情就好办多了。事实上，只要你能以身作则，良好的公司文化很快就会渗入组织的方方面面。

源清则流洁，立竿可见影。曾经有人想要贬损我们公司，"HTW 的问题是，它只存在于那帮人的脑海当中。" 对于一家广告公司来说，这是最妙不过的"污蔑"了——这傻蛋弄巧成拙，给了我们最慷慨的褒奖之辞。

坚守"集体荣誉感"（esprit de corps）极其重要，以下两点措施建议可能是令人痛苦的。

* Shoreditch，肖迪奇，伦敦中心最热闹时尚的区域之一，有一些最好的夜晚文艺、娱乐活动。

* Soho，苏荷，最初是英国伦敦一个为来自世界各地的人们提供高雅、品位的消遣场所。后来，Soho 随着艺术家的迁移来到美国，他们把纽约曼哈顿岛西南端的废弃仓库、工厂改造成了一个超现实主义风格的艺术中心。Soho 于是成了自由、艺术、前卫的标签。

* *The Apprentice*，译作《谁是接班人》，美国全国广播公司（NBC）出品的一档职场创业型真人秀节目。中国版被称为《创智赢家》，2006 年在东方卫视播放。

舍利取"义",提振士气

身处管理职位,难免要做出不招人待见的决策,也难免决策失误。无论如何,你要允许员工问"为什么"并说出自己的想法。若能通过意见箱随时提出自己的质疑,你就可以在季度答问会召开之前察知员工想法。

让员工问"为什么"并说出自己的想法非常有必要,不仅合情而且合理,最突出的理由还在于:无论你如何尽力做到正直、谦恭、宽厚,总不免会有冷落、拒绝甚至惹恼他人的时候,而对方却不得不忍气吞声——由于你的职位。如果这种情况确实存在,那让员工问"为什么"并说出自己的想法就是消除误会的绝好机会。他们的怨气将得以释放,你也将因而避免受到手中那点儿权力的"腐蚀"。

走出办公室,当面回答员工的提问之前,你应当先花一小时的时间认真准备一下(员工的问题当中可能有5%是"废品")。员工肯定会欢迎你的坦诚和公开——但相信我,于你而言,这肯定会开启一场"众人参与"与"唯一决断"的拉锯战。

说到决断,舍利取"义"的手法确曾创造过提振士气的奇迹。曾经有一个客户付给我们丰厚的报酬,让我们做出"好"作品来。不幸的是,他们把我的员工当用人看待。不只一位客服人员被他们欺负到掉泪。

因此,一天下午,我把客户叫了过来,坐在一起,把他们"炒"了。自此以后,员工的心情重新畅快了起来,公司气氛大为改观。比尔·伯恩巴克的不朽名言是:"不用为之付出代价的原则算不上什么原则。"

避免争斗

"炒"客户并非好事,因而,一开始就应只与"靠谱"的商业伙伴合作。

如果你不知怎样的商业伙伴才算"靠谱",回答以下问题:

1. 我们所做的作品有无可能让客户、公司都感到"皆大欢喜"?
2. 客户、公司是否都有利可图?
3. 与这样的客户工作,我们是否感到愉快?

对第一个问题的回答必须是肯定的,如果对第二、三个问题的回答有一个是肯定的,那就可以下定决心了。权衡利弊之时,自问此类问题颇有助益。

然而,面对大把砸钱——却拿你的员工当下游供应商并且对创意一窍不通——的潜在客户,你可能会"把持不住";你或许会琢磨:只要注意"隔离",这单业务也许不会毒害公司文化?但说实话,真正有效的公司内"隔离"我从来没有见过——权宜的"病毒"很快就会渗出,工作流程、原则以及员工都将受到感染。

上面是一个医学譬喻,再看一个军事譬喻。古罗马将军费边·马克西姆斯(Fabius Maximus*)之所以能够击败迦太基名将汉尼拔(Hannibal),拯救罗马共和国,靠的不是战而胜之,而是拖延和回避。他知道自己没有胜算,规避战术使他成功保全了罗马军团、城邦以及荣誉。

回避与可能摧毁你们的坚守的人打消耗战,你也可以"保全"你的员工。"打不过就跑",去寻找那些理解你们的价值观和文化并乐于共享利益的客户。

在提案会议正式召开之前的"洽谈会"(chemistry sessions)阶段,你就可以迅速查明谁才是你要寻找的客户:他们是否追

图中的沉思者雕塑,古罗马将军费边·马克西姆斯教导我们:为了保全自己、最终战胜敌人,你必须"选择"每一次战斗的时间和地点、牢牢把握战争/战斗主动权。事实上,有时候你应当彻底避而不战。

* Fabius Maximus,古罗马政治家和军事家,擅长回避正面交锋,使敌人疲于奔命,最终战胜迦太基军队。

求广告作品的高质量？他们有何要求？他们认为你可以帮助他们达成目的的依据是什么？只需10分钟，你就能清楚地知道未来的合作是否会愉快并富有成效。

如果初期接触的结果是双方"情投意合"，接下来就应当向客户说明你们将如何开展工作。因此，从下一章开始，我将介绍"如何产生有效的创意作品"。

3.

问题／解决：如何构思绝妙的营销创意

Problem / solution. Or how to have a big marketing idea

警告：做出有效的广告作品很难，比绝大多数人的预想还要难；难得多！

首先，只有"一小撮"预期受众会在意你真正想说什么，大多数人都是冷漠的，有些人甚至抱有敌意。

其次，有许许多多的广告公司在与你竞争这些冷漠甚至抱有敌意的人们的注意。事实上，正如专家似乎很喜欢对我们提出忠告一样，广告公司每日用以"轰炸"英国普通消费者的营销信息在2 500条以上。据称，24小时之后，可怜的人们只能随兴记住其中的区区六七条。

这就意味着，由于绝大多数广告作品都未能成功吸引到其预期受众的关注，每天都有数千万英镑的广告资金白白浪费掉了。为了让人们记住你们——而非其他广告公司——的作品，你是否做好了同那些最好的、最有钱的广告公司浴血奋战并战胜之的准备？如果没有，那你就是在浪费时间。

你面临更为严峻的战斗

各家广告公司之间的"战斗"只是毛毛雨，还算不上真正的战斗。为了博取读者、网民、观众、博客作者以及听众的注意力，各种形式的广告内容、信息之间的短兵相接无时无处不在。

我说过，大多数预期受众都是冷漠的。很少有人会为了看夹报广告（Free-standing Inserts, FSI*）而购买杂志，为了看不断弹出的覆盖广告（Overlay*）而打开电脑的人更是少之又少，而只有极其古怪的人才会每早走到大门口大呼："啊哈！两份送上门的直邮广告（Direct Mail*）！我要晚点儿上班，热上一壶水，好好读一读。"

不论何种媒介，无一例外。

---

* FSI, Free-standing Inserts, 夹报广告, 夹在报刊中间随报刊发行而抵达消费者的广告单页、小册子等。

* Overlay, 覆盖广告, 短时间出现在视频顶端或底部的文字或图像广告, 类似于常见的电视字幕广告。当用户将鼠标指向或点击广告时, 会弹出更大的广告幅面, 或者打开新网站。

* Direct Mail（DM）, Direct Mail advertising 的省略表述, 直邮广告, 即通过邮寄等形式, 将宣传品送到消费者家里或公司所在地, 有很强的针对性和灵活性、成本低廉。也有人将其表述为 Direct Magazine advertising（直投杂志广告）。两者没有本质上的区别, 都强调直接投递/邮寄。

例如，你购买了《每日快讯报》（*Daily Express*）第二版的一块 20×3 的广告版面。购买广告版面花了你 2 100 英镑，撰写创意简报、构思并制作广告作品花了你长达四周的时间——竭力使之引人注目。但你的东西是否真的比同一版面的、很多读者通常会不自觉地阅读一番的其他专栏更有吸引力？你的标题是否比"晴间多云，傍晚转大雨"吸引人？如果读者每晚下班后都得从车站步行回家，天气预报还能告诉他/她当天出门之时是否要带上雨伞。天气预报是有用的，你发布的广告是否也多少有些用处？

你的广告信息是否和这块交通指示牌一样有用？

又假设你砸下 2 500 英镑，获得了一块市中心主干道旁边 10 米高处的灯箱广告位。你认为灯光照射之下的那张海报会比它下方马路中央那个破旧的三角指示牌——"前方施工，请绕行"——更吸引人吗？再一次：这是不可能的。

再假设你已说服客户砸钱展开富媒体（rich media*）横幅广告活动，此类广告活动的吸引力是否比得上八卦网站 Popbitch 耸人听闻的标题——"皇家特大性丑闻"？甚至，你这一辈子有可能写出像"皇家特大性丑闻"一样引人注目的广告文字吗？我很怀疑。

看到这里，你可能会想：看来，我的作品永远无法引起任何人的注意。不要轻言放弃。比你我更聪明的人同样绝望过。

为何需要两个而不是一个创意？

杰出的大卫·奥格威极端痴迷于销售。为了向员工灌输这种痴迷，他把"离了销售，广告什么也不是"这句话印在了世界各地 140 家奥美分公司的办公文具之上。

* rich media，富媒体，建立在多媒体基础上的一个新型媒体，为多媒体增加了媒体交互内容。富媒体广告属宽带广告之一种，除了提供在线视频的即时播放之外，内容本身还可以包括网页、图片、超链接等资源，并与影音同步播出，大大丰富和强化了网络媒体播放的内容与效果。

大卫·奥格威坚信并向世人证明：广告如果无人理会，产品就卖不出去。他向我们指出了一个基本的事实是，非绝妙创意不足以引发消费者关注和购买。他还告诫我们："你的广告将像夜幕下的航船一般隐没无声，除非内含绝妙创意。" 50 年前，奥格威指明了绝妙创意的重要性。自此之后，所有创意人员——从最"菜"的创意课学员到全世界最知名的创意总监，无不奉之若圭臬。

问题是，几乎所有人都以为绝妙创意既是唯一也是一切，以为有了绝妙创意就有了成功的广告传播。

但近几年的经历告诉我，绝妙的广告创意并非一切。事实上，我认为离了绝妙的营销创意，绝妙的广告创意只能是空中楼阁。

那么，何谓绝妙的营销创意？之前我们谈到过，人们只关注对他们"有用"的东西。也就是说，想要引人注目并被记住，你就必须搞清楚你贩卖的东西对于预期受众有何益处。说白了，你应当想办法为预期受众解决问题、满足他们的需求。

搞清了上述并不艰深的"问题 / 解决"机理，何谓绝妙的营销创意也就昭然若揭了。而一旦绝妙的营销创意在握，你离真正有效的广告作品——甚至传世之作——也就不远了。

倘若不信，想一想你最喜欢的那些大师作品，你会发现它们莫不生发于简单的"问题 / 解决"机理。以下是若干铁证。

最好的电视广告都遵循"问题 / 解决"机理

从恒美公司的《雪犁》广告开始再合适不过了。喂！再也不会有比这更艰苦的创意任务了。20 世纪 60 年代，美国流行的是可以轻松带上两个孩子和狗，后备箱可以容得下保龄球道的豪华汽车。大众汽车车身短促、宽矮，这就够不幸了，其出身则几乎使之"不可能"售出——正如黄金时期的恒美纽约公司员工乔治·洛伊斯（George Lois）所说的，"我们是要在一个犹太城市里叫卖一款纳粹汽车。"

第 3 章　问题/解决：如何构思绝妙的营销创意　57

所有最有效果的广告都不过是在简单地演绎"问题/解决"机理。

满怀着忐忑，该公司"明智"地接下了这单业务，组织团队赶赴西德，寻找绝妙的营销创意。参观生产线的时候，其中一人停下来询问着白色外套的工人的职责。他被告知，这些人负责质量管理。他接着问质管工人有多少。答复让他大吃一惊：生产线上负责质管的工人比每天生产出来的汽车还要多。但是，正如满脸笑容的德国主人所指出的："这正是他们能够生产出世界上最可靠的汽车的奥秘所在。"

瞧！他们找到了所有有车族的"心头之患"——在当时，由于车身设计和引擎方面的缺陷（以及内置陈旧性*），绝大多数汽车不得不在购入三四年之后报废——的解决方案。

大众汽车打火总是一打就着，日复一日，年复一年——即使在天寒地冻的大清早。这正是著名的《雪犁》广告画面。之后，顶风冒雪，大众汽车轧冰而行，此时旁白："这家伙是怎么把自己的车开到雪犁跟前的？你不觉得奇怪吗？他开的是大众汽车，没什么奇怪的。"

广告的最后，雪犁从司机泊在路旁的大众汽车旁边呼啸而过。这广告一播就是 45 年。生发于简单的"问题/解决"机理，

* 内置陈旧性，built-in obsolescence，商品生产企业惯用的一种促销手法，即在新产品问世之时，有意在其中搞些花样，使之不久即成过时货，以便为更新的产品打开销路。

大概你自己也记得起该系列广告的某些画面——无不令人感喟："唯愿生活也像大众汽车一样可靠！"

最好的直邮广告也不例外

再看另一则广告经典：美国运通公司（American Express）的《恕我直言》（Quite frankly）。此处必须指明一点，问题及其解决所指向的并不总是像"购买一辆'一打就着'的汽车"一样的有形事物。事实上，问题常常存在于预期受众的头脑当中。

在美国运通的案例当中，当时市场上还有其他公司发行的信用卡提供类似的非现金交易服务。而且，其他信用卡都提供"滚动信贷"（rolling credit）服务，运通卡则属于借记卡（charge card），每30天结算一次。此外，其他信用卡都是免费的，而运通卡则会审核申请人并收取年费。

尽管存在以上诸多"不利"因素，绝妙的营销创意因势利导，化劣势为优势：免费信用卡人人都可以有，但运通卡只有少数人可以得到。拥有这种卡标志着身份、地位和荣誉。事实上，运通卡成了竞争型社会里最理想的身份象征。

这一绝妙的营销创意确立下来之后，比尔·特伦巴斯（Bill Trembeth）在奥美公司纽约分公司的办公室里坐下来，为1974年的运通卡核准信写下了这样一段开头："恕我直言，美国运通卡并非面向所有人，也并非所有会员资格申请都会得到批准。"

下一段他继续写道："不过，我们相信

这封信确立了美国运通卡的"身份象征"形象——比任何广告活动、海报或者电视广告都更有效，并且证明：品牌亦可崛起于"一纸书信"。

美国运通卡会员身份确能使您受益,特此为您附上邀请函,您可以据此申请这一无限荣耀、无限尊贵的金融工具——它将使您的旅行、度假与娱乐等称心如意。"

无数人视运通卡为"身份焦虑症"的解药,念兹在兹。从1974年到1986年,这一"问题/解决"机理的最简单演绎始终大行其道,所向披靡。甚至可以说,由于其对运通卡的独特市场定位,这薄薄一纸书信的作用丝毫不亚于大众纸媒广告、招贴画以及电视广告。而且,其反响并不限于美国之内——《恕我直言》向世界各地投递了大概2.8亿份。

最著名的数字广告赫然在列

接下来的这个作品从最初诞生到风靡全球远没有花费12年时间。在数字时代,事物的发展和变化比以往快了不知多少,但"问题/解决"机理同样适用:找出预期受众所面临的问题,展示你的解决方案。

《听话的小鸡》（*Subservient chicken*）。这则病毒式广告的营销、宣传效果堪比40多年前的《雪犁》电视广告。

"快餐迷"唯恐品种太少。如果你想很快吃到中意的快餐,你不会希望选择太多;但更多的消费者反感的是一成不变和千篇一律。汉堡王(Burger King)的品牌战略就是专门解决这个问题:"我要我味"("Have it your way")。这一方案落实为汉堡王鸡肉饭的绝妙营销创意就是:"我要我'鸡'"("Chicken any way you like it")。

如何对这个绝妙营销创意做戏剧化演绎?这是一个病毒式广告短片:一个小伙子装扮成公鸡,你往电脑里输入任何动作指令,它都会照做。

你让这只鸡跳舞,它就跳舞;你让它蹦,它就蹦;你要是让它……(噢)不,那它恐怕不会照做。无论如何,这是只《听话的小鸡》(Subservient chicken),正如广受尊敬的创意总监蒂姆·德莱尼(Tim Delaney)所说,这条短片"要比过去几年当中的所有营销研讨会和广告宣传活动都更让广告客户与广告公司充分领略到科学技术对品牌传播活动的深刻影响"。

大家喜闻乐见的广告无不遵循"问题/解决"机理

苹果电脑的《1984》或许是史上最著名的电视广告,这则广告戏剧化地表现了 Mac 系统的问世及其如何将公司职员从重复、枯燥的个人电脑操作当中解放出来。

从根本上说,广受赞誉的《耐克+》(Nike+)系列广告就是跑步爱好者所遇问题——孤独、渴望陪伴、鼓励、竞争——的解决方案。德芙巧克力的《真美大行动》(Campaign for real beauty)——另一个获得全球性成功的广告——就完全(一点儿都不夸张)是着力于让任何年龄、体形以及身量的女性获得自信,她们的问题是"体形以及自尊"。

另一个获得多项世界大奖的广告的内核仍然在于"问题/解决"机理:山猫体香剂(Lynx)(有的市场称其为斧头体香剂,

第 3 章 问题/解决：如何构思绝妙的营销创意 61

Mini Cooper S 对年轻男性的基本问题——如何确立男性气概——提出了解决方案。

Axe）与"除臭"几乎无关，但要重要得多——把妹！

同样，伦敦黏合力数字媒体公司为 Mini Cooper S 所做的《街头巷语》（Ave a word）或许是英国迄今为止最好的病毒式广告，这则广告的主题不在于年轻的拥趸们乘车从 A 地兜风至 B 地，而在于这款汽车如何帮助这些小伙子宣示自己的男性气概。

那最近 20 年英国最好的海报呢？显然，AMVBBDO 广告公司的大卫·阿博特（David Abott）与其同事的作品无不着眼于职场中人的打拼和晋升——这也就是为《经济学人》提出的解决方案。

可能有点儿跑题，此处要插叙（我会在第 5 章具体阐述）一点儿"绝妙创意"的相关内容，大卫·阿博特的经典广告语："我 42 岁，见习管理人，从来不读《经济学人》。"之所以举这个例子，是因为这是一个将问题——而非解决方案——戏剧化的极佳实例。我知道很多广告客户都不愿意这样做，他们会认为否定字眼会使预期受众对品牌形象产生不好的印象。

如果你的广告客户跟你说类似的话，那就告诉他们：现实不是童话，无法万事如愿。世上本来就不存在为商家"文过饰非"

> "I never read
> The Economist."
>
> Management trainee. Aged 42.

过去的 20 多年中，《经济学人》为所有渴望爬上成功阶梯遇到障碍的人提供解决方案。

* Hamlet, 哈姆雷特, 著名悲剧之一, 同时, 哈姆雷特也是该剧主人公丹麦王子的名字。此处代指电视广告当中的人物及其剧情。

的品牌监护人。为了迎合预期受众以及消费者的需求，商家及其品牌必须面对现实。假如广告客户仍旧不以为然，那就请他们看一看英国最优秀的电视广告 DVD 影碟。他们会发现，过去 20 多年中，哈姆雷特（Hamlet*）一直在竭尽全力地让观众面对生活的卑劣面——而半支烟就足以让观众释怀。

为了说明我的观点，我所推荐的都是一些最优秀的广告作品。但我敢肯定，如果你回想一下自己最好的作品，你一定会发现，其内核仍然在于"问题/解决"机理。不仅如此，"问题/解决"机理适用于几乎所有种类的广告。注意，我说的是"几乎所有种类"：慈善广告——例如"儿童救助会"（Save the Children）和"英国癌症研究中心"（Cancer Research UK）与社会公益广告——例如道路安全、理性饮酒——的机理有所不同。

慈善广告有何不同

我们来看看慈善广告作品。此时，广告所诉求的问题通常不直接影响预期受众。"儿童救助会"的"救助第三世界儿童"相关广告诉求与预期受众的日常生活经验几乎完全无关。英国癌症研究中心的募捐诉求与预期受众的日常生活多少还有些关联，因为每三个人当中就有一个总会在一生当中的某个时候受到癌症的困扰。即便如此，此类问题还是与预期受众的直接经验或自身利益不怎么相干。

这还不是慈善广告或社会公益广告与通常的商业广告的唯一区别。就慈善广告而言，广告主或许能够对解决方案的提出起到推动作用，但唯有广大预期受众都参与其中，解决方案才能得以落实。简言之，落实解决方案的是那些捐赠资金、贡献时间或者写支持/抗议信等等的人。

下面这个例子是迄今为止最成功的慈善类大众纸媒广告之一。该广告由募捐广告大师哈罗德·萨姆欣1970年代末为"老年人救助会"（Help the Aged）所作，是一则朴实无华的宽双栏广告文案。标题很简单："10英镑，让盲人重见光明。"底部的文案说明了一次简单的手术如何使患者复明——但前提是预期受众拿出10英镑，为他们支付手术费用。

问题不是预期受众的，而是老年人的。解决方案也不在于老年人救助会，而在于捐出自己的10英镑的预期受众。

捐助者最终能够获得什么"好处"吗？适用于捐助者的"问题/解决"机理是什么？无论何种慈善广告，都能让捐赠者感到欣慰——帮助他人解决困难会使他们感到满足、快乐。

这则广告与很多其他慈善广告不同，它之所以引起极大的关注和强烈的反响，是因为每个人都想象得到其所指向的问题（失明的痛楚），并且大多数人都清楚，除非发生奇迹，这种问题无

这一经典慈善广告所提出的显然不是预期受众自身的问题。

法挽回。而这则广告就告诉人们：只要（1）做出些许努力，（2）捐献些许金钱，奇迹就会发生。多么"诱人"的主张！

社会公益广告有何不同

与慈善广告相比，社会公益广告有不少相似之处，但也存在着重大区别。与大多数商业广告一样，社会公益广告所针对的问题也与预期受众直接相关，例如：肥胖、孕期饮酒、消防安全等等。据此看来，较之慈善广告，社会公益广告与通常的商业广告存在更多的相似性。

但是，与慈善广告一样，社会公益广告的广告主也无力解决问题，只能推动问题的解决。唯有预期受众认识了问题的严重性并愿意变更行为方式的时候，解决方案才能收获实效。预期受众或许会给广告主打电话寻求帮助和指导，但问题的解决与否最终还是取决于其自身。

以英国心脏基金会（British Heart Foundation）赞助、英国卫生部协助的《烟油》（*Fatty cigaretts*）广告为例。这则广告向大众展示了一支脂肪盈溢的香烟，传达出"吸烟堵塞血管"的信息。

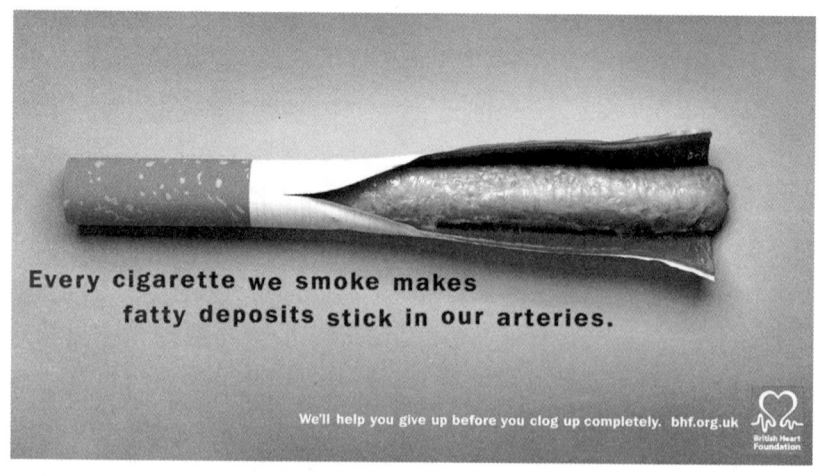

对于这则社会公益广告，预期受众戒烟，问题才得以"解决"。

很明显，这是吸烟者的问题。并且，唯有吸烟者自身才能落实相应的解决方案——响应其所接收到的广告信息，并转变自身行为。该公益广告刊播之后，很多人正是这么做的，就诊率与戒烟率很快就翻了一番。

想要获得同样的成功，就得注意我所讲到的慈善广告或社会公益广告的区别——当你着手起草营销简报之时。但也不要忘记，无论面对何种广告类型，一定要尽早处理好"问题/解决"机理问题——在广告文案或艺术总监接手之前。

以上所讲或许不外常识而已，但你可以想一想：有多少广告公司会认真去探索绝妙的营销创意？有多少广告公司真正清楚创意工作之前的营销考量的重要性？简言之，多少次广告公司怀着"奇迹总会出现"的期望把"半生不熟"的营销简报提交到创意部门？

以上三个问题的最诚实回答恐怕分别是："罕有"、"极少"和"经常"。为了避免此类做法所带来的危险和代价，下面我们就来看看如何拿出来一个绝妙的营销创意。

我们已经知道了"问题/解决"机理如何对大品牌产生作用。下面来看一个小——非常小——企业的例子。

在突尼斯杰尔巴岛（Jerba）的一个早上，我第一次出去散步，沿着海滩，走了大概100码（91.44米）之后，我看到了一个让我厌恶不已的景象——污水从一个破旧的排水管中汩汩流出，经过海滩，流入蔚蓝的地中海。路人无不敬而远之，我也不例外。

过了三天，我再次经过那里，眼前的情景让我大吃一惊。从我当时拍下的照片可以看到，有人在水边嬉戏、玩耍。我上前询问缘由，只见旁边的小木牌上用德语写道："地热水，柏柏尔人，为您全身按摩。"挨着木牌，坐着一位当地的小伙子，很明显，他不光精于按摩，还精于"问题/解决"机理的运用。

这个小伙子很了解自己的目标人群，淡季来杰尔巴岛度假的大多数游客都是德国老年人。他知道这些游客的共同问题：关节炎和肌肉疼痛。而这个小伙子提出了完美的解决方案：他的"地热水"的神奇疗效。

4.

将绝妙创意付诸笔端

Getting your big idea down on paper

我所工作过的几家广告公司都有很好的创意声誉。但我必须承认，这并非因为我个人的创意才华。众所周知，惨遭创意总监扼杀的好创意比其他人扼杀掉的都多。我确信，我曾亲手毙掉了大量潜在的创意"摇钱树"和戛纳金狮奖得主。

再说一遍，我们能够不断做出作品，并不完全因为创意人员——我的屠戮对象——的创意才能。如果主要创意人员被人挖走了，创意团队的水准因而下降的话，我确实会烦躁不安。但大多数时候，我们绝不担心好员工流失的事情。

不，公司的成功不是我、团队成员或创意部门的任何其他人的功劳。我们的秘诀在于：始终坚持创意简报工作的"高标准"原则——通过不懈训练，并始终保持头脑清醒来贯彻。只要坚持了这个原则，我们的作品就肯定是最好的。

将双倍精力花在创意简报上

创意简报需要你花费大量的时间。实际上，通常情况下，做创意简报的时间应当两倍于创意工作本身。

如果你认为这样做太浪费时间了，那就看看 *Campaign* 杂志上关于大卫·帕顿（David Patton）——时任索尼欧洲营销传播副总裁，他为索尼BRAVIA液晶电视购买了赢得全球声誉的《彩球》（*Balls*）广告——的相关文章，文章这样写道："帕顿认为，好的创意作品的关键是专一（single-minded）的价值主张。他承认，《彩球》

这份精彩的创意简报，花费了他们整整6个月的时间。

广告创意获得通过只花了10分钟。但他强调,为了做出一份令人满意的创意简报,他花了6个月的时间。"

我估计,帕顿和他的合作伙伴(伦敦的Fallon广告公司)——为自己制订了充裕的时间计划。有时候这是不可能的,但越是时间紧张,越应当尽快做出一份周详的创意简报。例如,客户周一提交了创意简报相关资料,可是创意人员周五就得提案,为了做出一份令人满意的创意简报,你很可能得一直工作到周四下午。绝对不能像大多数广告公司那样,将一个半成品交到创意人员手中,寄希望于后续团队最终会"吉人天相"。

我得承认,有时候我也会犯傻,不经创意简报流程,就将工作交到创意部门。彼时,我信了客户服务人员的胡诌:这活儿只需稍加完善,小菜一碟。

这些"小菜"让我们付出了惨重的代价。提过两次提案,时间过去了两周之后,我们还在为哪些原创应该删除/保留以及为什么应该而头痛不已。

这样的工作并不需要我后面将要描述的完备的创意简报。例如,如果只是要更新网站内容或者修改既有广告文案或图片,那就只需要一份"修正性创意简报"——清楚简明的改动需求及其原因,一两页即可。但也要有客户的签字同意,工作开始之前,获得客户的同意非常有必要。

另外,还要确保"修正性创意简报"不会改变既有作品的主张。如若不然,就应当修订概念,写一份新的创意简报。

由客户服务人员写创意简报事半功倍

创意简报应当由谁来写?对此,人们并未达成一致意见。有人认为这是策划部门的职责。但在我看来,过于倚赖策划部门,就容易冷落客户服务人员。说白了,这就剥夺了客户工作中最有趣的内容。

创意简报应当是锻炼营销想象力的每周必修课，理想的情况是，由客户服务人员来做——在以下人员的辅助下：（1）策划人员，提出潜在消费者相关意见以及自身工作可能面临的问题；（2）创意团队，他们在创意简报之前阶段的工作，下面将会讲到。

也即，创意简报的撰写工作应以客户服务人员为中心，所有人参与其中。这样做有很多好处。如果那个"绝妙"的营销创意是在费尽心血之后才得到的，客户服务人员必然会撺着创意人员拿出同样"绝妙"的广告作品来——这才不枉他们一番心血；由客户服务人员来主导，他们对客户也必然会穷追不舍，向后者要求必要的资料和信息以及（如有必要）延期作品交付；并且，一旦作品完成，他们会更加卖力地把它贩卖出去，因为他们也付出了自己的心血。

当然，为了让客户服务人员胜任创意简报撰写工作，他们事先应当接受一两次培训（以及不断的帮助和指导）。但创意简报事实上是广告公司所能做出来的最重要的文案，因而值得投入足够的时间。以下是我对于受训人员（包括"菜鸟"和"老鸟"）的一些话。

你从事的是极要求创意的工作

你的目标只有一个：深刻把握消费者心理和需求，明了你对他们有何助益。透过潜在消费者的视角来看待世界，为他们所面临的问题提供尽可能贴心的解决方案——你的客户的产品或服务。

这是一项创意要求极高的工作，你必须提得出"绝妙创意"。如前所述，绝妙创意不可能"不劳而获"，你必须有大量的知识储备可资利用。毫无疑问，这正是詹姆斯·韦伯·扬在其《产生创意的方法》一书中所讲的第一个步骤。

亚瑟·柯南·道尔爵士的一首短诗说得极好：

摩拳擦掌。

兼收并蓄，头晕脑涨。

不堪重负，苦思冥想。

精疲力竭，空空如也。

劳而无功。

为免劳而无功，在开始创意简报的撰写之前，你必须将所有的相关资料和信息都装进脑袋。

或许可以使你稍感宽慰的是，并非所有创意简报都需要你深入掌握各种细节信息，而只有在你涉足一个新行业领域的时候才有这个必要。这之后，只需更新客户的产品或服务、竞争对手以及消费者或潜在消费者相关信息即可。再加上你的既有知识储备，足够你撰写出一份跟进性广告作品的相关创意简报。

必要的背景资料

首先，你要明了产品的销售对象。该信息可以来自于广告客户自己的研究，以及广告公司策划部门的搜集工作。对目标人群进行正向或反向访谈（interviewed or attended interviews）也是不错的选择。你还应该登录相关网络论坛，了解目标人群的真实想法，或者通过 Blogpulse、Technorati 等博客搜索引擎来追踪人们在博客文章中对你所服务的品牌的评论。

这之后，你还应当征询销售人员的意见，并与客户服务中心的人员交流。最好是请客户服务人员允许你旁听他们的工作。只有这样，你才能真正了解目标人群的内心想法，找出他们面临的问题，进而才能弄懂客户的产品或服务能够给他们带来何种利益。

当然，为了获取完整的背景资料，你还应当反求诸"己"——你所贩卖的产品或服务。你需要能够抛开专业术语，以通俗易懂的语言向目标人群介绍产品或服务。你还应当非常清楚产品或服务投入市场的时间,它有哪些竞争对手、客户及其竞争对手的市场份额;同类产品或服务谁家的最好,好在哪里?对于以上问题,不要忘了询问客户的看法。下一章我们将会分析影响巨大的本田汽车公司的柴油引擎广告 *Grrr*。该则(以及其他一系列的)本田汽车广告由威登十肯尼迪广告公司(Wieden+Kennedy)制作,其创意总监金·帕普沃思(Kim Papworth)就强调过这类内部信息的重要性:"客户为我们提供了真正必须掌握的信息。比如,他们会走上前来,将本田的工程师对于某一具体车型的评价原话转告给我们。"

深入调查,厚积薄发

通过个案分析、鉴定书、实验数据、对比分析等渠道,尽可能地完善此类信息。网络与报纸,尤其是行业刊物和专业性消费者杂志的编辑评论也非常有用。(你当然应该订阅相关行业刊物和专业杂志。)你终将发现,所有这些资料都可能为你的销售主张提供支撑。事实上,撰写创意简报的时候,你很可能会惊喜地发现,当背景资料搜集得足够充分之后,销售主张已经不言自明了。

从客户以前的广告中,也有可能找到你想要的销售主张。很多时候,潜在消费者购买某一产品的真正理由往往在于某个不引人注意的"无关"概念。过去的烂广告与你没有关系,但也有可能引导你做出优秀的作品来。你的团队有可能之前从来没有服务过某客户,而他们又必须对该客户的品牌定位与品牌形象有清晰的认识,因此非常有必要向你的团队展示该客户以前的广告。甚至,如果你提出的是一个盛行于若干年之前的概念,那也是颇为愚蠢的。

研究老广告的时候,必须做到知其然、更知其所以然。假如你发现电视广告、(在线)中页广告或者邮寄广告要比其他形式

威登+肯尼迪广告公司的金·帕普沃思对于向客户请教产品相关信息的效用深有体会。

的广告更有效,分析其原因,这会将你引向最适宜的销售主张。

创意简报撰写人员(及其创意团队)还必须透彻掌握竞争对手的营销策略。这不是说进入他们的网站草草看上一看,对其中若干广告作品和宣传册略加浏览就大功告成了;你们应当将竞争对手过去几年的作品通通搜集起来,建册立档,直到你可以轻松地将他们的各种诉求一一列举,对他们的广告风格了然于心。

所有这些准备工作都会对你起到很大的帮助作用。事实上,搜集上述诸种素材不仅对你有帮助,对创意团队也同样有用。也即,如果创意人员对客户、市场环境,对客户以及竞争对手的产品、以前的广告策略,对纸媒、公众以及专家的意见等等都了解充分之后,"绝妙创意"自然会脱颖而出。

假如独特销售主张尚未成型,无须紧张

到了这一阶段,通常的做法是开始为你贩卖的产品或服务寻找任何竞争品牌都不曾也无法提出的利益(罗瑟·里夫斯称其为"独特销售主张",USP)。如果你在撰写一份创意简报的过程中,发现自己找到了独特销售主张,一定要加以利用。但要确保这种利益确实是消费者需要的,而不仅仅是某位闭门造车的科学家的臆想。

> **Note**
>
> 你必须确定，你所解决的是潜在消费者——而非广告客户——的问题。

没有找到独特销售主张也不打紧。很多时候，并不非得是"独特的"销售主张才是最有效的。

对此，伦敦商学院的管理和营销学教授帕特里克·巴维斯（Patrick Barwise）与瑞士洛桑国际管理发展学院营销与变革管理学教授肖恩·米汉（Sean Meehan）曾在营销学会（Marketing Society）的学报《市场领导者》（*Market Leader*）中做出阐释："为了吸引业务，并不需要你有什么'独一无二'的东西。消费者极少因为某产品有什么'独一无二'的品质而购买它。他们购买产品通常只是为了满足某些基本需求，而在某一商品门类（如汽油、战略咨询或抵押贷款等）之中，他们之所以购买某一品牌而非其他品牌的产品，是因为他们觉得前者比后者质量更好些或者更便利些。"

"满足消费者的基本需求"就是"解决消费者的问题"，也是一切有效广告的实质："问题/解决"机理——如前所述。

我之前没有讲明的是：你必须确定，你所解决的是潜在消费者——而非广告客户——的问题。在很多情况下，广告客户期望你的创意简报能够直接反映他们所面临的营销麻烦。他们甚至期望你的创意简报能够指出其营销麻烦，乃至就此提出销售主张。例如，广告客户的某产品上个季度的销售额下降了5%，他们就很有可能期望你能在创意简报当中加以体现，乃至期望销售主张应当是"我们的某产品棒极了，快来买啊"一类的。

必须设法让客户明白，这样做无助于阻止销售下降的趋势，因为其中没有任何能够打动消费者的东西。阻止销售下降的唯一办法是集中精力于探究消费者面临何种问题，而客户的产品又如何有助于这个问题的解决。若能进一步地通过绝妙创意将你的探究成果传达给消费者，产品的销售下滑趋势自然会发生逆转，客户的营销麻烦也将迎刃而解。

明白了？好！我们接着讲如何撰写创意简报。

碰头会的重要性

好了,充分消化、吸收了你所搜集的所有信息并找到了"问题/解决"之后,你就做好与创意团队创意简报撰写相关"碰头会"(pre-brief)的准备了。这种碰头会议对于客户服务人员的创意简报撰写工作极有益处,有助于你厘清思路,想清楚消费者所面临的是什么问题以及客户的产品或服务究竟如何有助于解决这些问题。

还应当商讨你的目标媒介,说明你为什么认为这是最合适的渠道。向创意人员征询替代方案或增补方案。还要讨论能否通过社交媒体"放大"广告信息。我所说的不仅指数字化社交媒体,还应考虑报纸、电视以及广播等媒体,并伺机搜寻可资利用的公关手段。

接下来,你应当向创意人员概略地介绍你的销售主张相关(若干)想法,询问他们该种设想在传达方面是否存在任何困难、他们需要何种信息。但是,绝不允许创意人员越俎代庖,替你提出销售主张:每个创意团队都存有一大堆可以拿来赢奖但根本卖不出去的创意,不怎么认真的创意人员很有可能玩"新瓶老酒"的把戏,趁机兜售他们的"存货"。

与创意人员的碰头会时长不应超过45分钟。记住,现在还没到你向创意人员阐发创意简报的时候。撰写创意简报不是创意部门的职责;"不在其位,不谋其政",反之亦然。而你则必须确定无疑做好了撰写创意简报的准备。

遵循以下步骤,可免出错。

1. 一句话概括"问题/解决"

这是打头阵的、最重要的一个步骤,因为这有助于集中工作焦点,使后续工作轻松许多。记住,如果这一步骤的工作未能做好,继续创意简报的撰写就没有任何意义了。

先用一句或一段话将目标受众所面临的问题描述清楚，接着阐述广告客户的产品或服务如何有助于解决那个问题，同样是一句或一段话。

（记住我在本书上一章结尾处是如何讲解慈善广告和社会公益广告的相关内容的。此类广告所要解决的问题有可能无关于目标受众的自身利益，这是差异之一；另一个差异是，与其他广告不同，此类广告的解决方案不由广告主的产品或服务提供，而由响应广告诉求、采取相关行动的广告受众自身提供。）

2. 注意事项

必须始终清楚你想你的创意团队拿出来一个什么样子的作品。

比如，你不能这么写："我们需要一个网页。"你我都清楚，创意人员无疑会想当然地设想计算机的运算容量和可用的服务器空间会比《机器人总动员》（WALL-E）的创作者所拥有的还要大。同理，如果你只写一句"我们需要一则报纸广告"，创意人员将二话不说地给你做一个跨页设计。假如客户的预算只够承担20厘米双栏广告，这就毫无用处。广播广告也是如此，没有哪个创意团队愿意接手一段时长不足60秒的广告脚本，一次也不愿意。但如果你的预算只够20秒，那一开始就要跟你的创意团队讲清楚。以下接着讲预算问题。

3. 预　算

必须明确一点：无论是电视广告还是入户广告，除非制订了精确的预算，否则绝不可以将创意简报移交给创意部门。

你还应当让你的创意团队清楚有多少可用资金。例如，如果是入户广告，就应计算出来一个合理的平均成本与广告总量关系。要知道，500份与50 000份平均成本相同（2英镑）的入户广告的总体效果是不可同日而语的。

最后，为了让大家更加明白，你应当向团队展示一个相同预算的近期案例。对于制作部门来说，找到一个理想的近期案例不是什么难事。

4. 时间规划

必须始终清楚向客户提交作品的准确时间。如果有必要发想一个新的概念，至少得为此预留一周时间。

时间规划应当将创意通报、未完工作以及客户提案等涵盖进去，还要精确规定诸如播放、邮寄、刊发或开发、数据上传、系统测试和发布等的截止日期。

5. 你贩卖何种产品/服务？

描绘你所贩卖的产品或服务：有什么功用，功用原理是什么，有无任何独特功用，其生产、设计和分销渠道有何与众不同之处，有无任何产品及其消费者相关"内在戏剧性"（anecdote）或科研成果，有无任何用户评价……可以援引案例研究、证明书、用户论坛、颁奖典礼、博客文章、实验室测试、比照性分析或报纸与行业刊物的编辑评论等。

6. 竞争对手分析

将竞争对手的情况告知创意团队。竞争对手的优劣势分别是什么，竞争对手的产品有哪些竞争性特点。提交作品实例，向创意团队展示客户竞争对手的当前宣传态势。

7. 客户的当前宣传态势

向团队举证实例。如前所述，向创意人员展示之前的广告非常重要，因为他们可能还不熟悉客户，有必要了解客户的品牌定位、品牌形象及其过去的产品销售状况。

8. 品牌理念

通常，每一种传播都有两个目标：（1）战术目标，通常指销售产品或服务；（2）战略目标，即强化或更新品牌理念。品牌理念是品牌向消费者做出的核心承诺，也是广告公司意欲建立并巩固——通过每一次沟通和互动——的客户—消费者关系的中心。品牌理念不随创意简报的不同而不同，并且只有在广告公司与广告客户一致同意的时候才能加以修正。如果广告客户迄今尚未建立品牌理念，就应询问与你对接的业务经理，该业务领域为什么没能建立品牌理念。

9. 传播对象

将你的目标受众想象成一个具体的人，告诉他你贩卖的是什么。你贩卖的产品或服务对于他们的生活有何影响？他们是否正在使用？他们是否选择了竞争对手的产品或服务？如果他们根本不使用任何品牌的该类产品或服务，有无任何不便之处？他们是为自己购买该类产品或服务吗？是否自己买单？如果产品或服务是 B2B 领域的，他们是否代表了公司的利益？确实如此的话，（为了做出购买决策）他们是否必须说服其他相关人员？……

无论是 B2B 还是 B2C 领域，你都有可能需要对话"意见领袖"（influencer）——他们甚至有可能并非消费者，但对于消费者决策过程或市场拥有很大的发言权。对于"意见领袖"的广泛影响，创意简报予以充分考虑。

同样地，告诉你的目标受众——此时是"意见领袖"——你的客户/品牌是怎样的。他们是否了解你的客户/品牌？如果了解，他们有何感受和见解？他们是拥护者？中立者？抑或敌对者？原因是什么？

> **Note**
> 将你的目标受众想象成一个具体的人，告诉他你贩卖的是什么。你贩卖的产品或服务对于他们的生活有何影响？

10. 他们在接收广告信息之前有什么看法?

如前所述，撰写创意简报即是问题解决能力的预演。在创意简报撰写的第一个步骤，你已经问过自己一个简短的问题："潜在消费者面临哪些需要解决——通过广告客户的产品或服务——的问题？"此处应当予以详尽阐发。

你可以使用第一人称，从最简单的问题起笔："如果我……不是更好吗"、"如果……我的工作就会更轻松"或者"如果……我就更开心了"。

如果你的目标受众是一位 IT 经理，你可以这样写："我喜欢我的工作，可是，尽管我理应集中精力规划战略，我的大部分时间却耗费在系统维护和机房里的维修工作上。"

如果是一位三十多岁的女士，你可以写："为了瘦身，我愿意吃低热量食品，可低热量食品吃起来索然无味，让人提不起胃口。"

如果是畏惧股市动荡的潜在投资者，你可以写："我知道货币市场还是有利可图的，但我对投资市场很不了解，也不知道应该买哪只股票。"

或者是正在考虑购买一辆柴油车的人，可以写："我想折价出售手上那台'油老虎'，换一辆柴油车，但柴油车引擎响声大，又很脏，我下不了决心。"

如果你可以用一句话将问题讲明白，当然很好；如果不能，没关系，再多一两句也行。有时候，你希望创意人员了解客户产品可以解决其他一些问题；确实如此的话，现在正是告知的时候。如果潜在消费者对于客户的产品或服务抱有误解、保留甚至反对的态度，那也需要创意团队去设法扭转；也可能有一些积极的消费者态度需要创意团队去巩固和强化。无论哪种消费者态度，只要是有根据的，现在都应当告知创意团队。要注意避免作品表现超出媒体版面或时间的问题。

> **Note**
>
> 如果你可以用一句话将问题讲明白，当然很好。如果不能，没有关系，再多一两句也行。

11. 你希望他们接收广告信息之后产生怎样的想法？

此处，你应当清楚说明问题的解决方案。最简单的开头可以是："最后，我可以……""好啦，现在我可以……"或"从此以后，我可以……"尽量确保问题和解答两部分之间的对应和衔接。例如，问题部分的第一个问题是"他们在接收广告信息之前有什么看法"，解答部分的第一个回答就应是"他们接收广告信息之后，你想让他们产生怎样的想法"。

对前面提到的 IT 经理，可以这样应答："太好了，IBM Tivoli 软件就像一位训练有素的 IT 助手，可以替我处理所有低级工作。"

对那位想要瘦身的女士——"太棒了！戈登·拉姆齐（Gordon Ramsay）的产品素来声誉卓著，其即食瘦身食品新系列味道应该错不了。"

对潜在投资者可以说——"真是'及时雨'。M&G 投资公司不用任何唬人的术语，给我讲清楚了市场形势并为我指出了最合适的产品。"

对考虑购买汽车的人——"千呼万唤啊，本田汽车公司终于研制出来了一款安静、清洁的柴油引擎。"

我在第 10 步（"他们在接收广告信息之前有什么看法？"）的最后讲到过，或许还会有需要创意团队去解决的其他问题、误解或保留态度等等。你如果在第 10 步中已经提出这些问题，那就一定要向团队提供答案——而且一切都要有理有据。

（正如我在第 3 章中所讲到的，在慈善广告作品中，"问题"不是潜在受众，而是慈善机构的救助对象所面临的；并且，解决方案应由广告受众来提供。简言之，慈善广告的重点是让受众感受到"问题"的存在，并产生共鸣，然后奉献时间或提供金钱——使问题得以解决。

社会公益广告又略有不同。与其他所有广告一样，这里的问题完全是受众自身能体会到的。但唯有受众受到广告信息的影响，并因而在某种程度上转变态度和行为之后，该问题才能获得解决。）

12. 接受广告信息后，你想让他们做什么

不要急于将这部分内容放入销售主张。这只是行动呼吁，就只该用在这里。行动呼吁必须简洁、实际。诸如"浏览网站、请来电咨询更多信息、赶快去商店购买、需要更新、转告给朋友、点击此处、邮寄支票、回报优惠券"……

13. 销售主张

第 13 步的销售主张是第 10、11 步合乎逻辑的结论，其实质是"客户承诺"，旨在"中止"广告受众的惯常购买决策过程，将其吸引到你的广告信息当中来。

千万不能将销售主张用作广告作品的标题，那是创意人员的工作，你的工作已经够繁重了。如果将销售主张当作广告作品的标题，就会将你的创意带入广告作品的创意发想过程当中——创意团队将被你（的创意）牵着鼻子走，其作品重心将是"说服"受众，而非"告知"产品利益。所以，销售主张必须简洁且朴实。

但也不能为了简洁的目的而将销售主张压缩至一个词语。我知道这种方法很流行，但只有一个词语的主张不是好主张：无法为创意人员的工作指引方向。打个比方：你现在身处一个新客户的办公楼的第四层，想知道即将召开提案会议的会议室在哪里。如果别人只是告诉你，"在楼下"，这个回答并非不对，但还是没有将你的目的地讲清楚。同样，简洁至只有一个词语的销售主张也是没有多大用处的，太过模糊。

怎样的销售主张才是好的销售主张？仍然假设你身处广告客户的办公大楼。提案会议已经结束了，你正在三楼等电梯下楼。电梯门打开了，里面站着广告客户的所有目标消费者。你知道他

们面临什么问题，也知道问题的解决方案是什么，但没赶上提案会议。在电梯下到一楼之前，你有10秒钟———一句话——的时间将问题及其解决方案表达清楚。在这10秒钟之内，怎样的一句话能够使这些人说："哦？有点意思，你接着往下说？"

如果你想得到的是这样的回应，你必须根据消费者的生活与需要决定你的承诺。这样，你的主张才能做到以"消费者利益"为中心，杜绝那些"产品中心"的陈腔滥调："没有最好，只有更好"、"超出你的想象"、"眼见为实"以及我的梦魇——"……的艺术"。

如果你忍不住要写"没有最好，只有更好"一类的屁话，你应当立即转向更有实际意义的"消费者承诺"——问问自己："是哪些创新、突破、发现、新玩意儿、小玩意儿或蒙人的小玩意儿使最好'突然'变得更好了？"再问："这些'新玩意儿'能够解决消费者的什么问题？"

你的销售主张可以是合理事实。如果你有任何一个理由宣称自己的产品更好而不采用，那你一定是疯了。记住我之前说过的，这个理由你可以从背景研究和产品本身的"内在戏剧性"中去找。如果你准备工作做得好，知道主要竞争对手是谁，那你就可以做"自己的"对比分析，以证明你的产品更好、更快、更便宜……编辑评论员、评奖委员、满意的客户等口中的"更好、更快、更便宜"也要利用起来。

但是，发现你的产品优势之后，不要简单地将它用作你的销售主张。再强调一遍，你的注意力必须集中在消费者身上，你要问自己："这些优势能够解决消费者的什么问题？"

从另一方面来说，即使你没发现任何产品优势或者你所贩卖的东西不具备独特销售主张，也不要气馁。如前所述，该产品的优势可能就在于该产品的品类优势，而你的一些竞争对手对此种优势视而不见，其他竞争对手或许想到了要把这种优势传达出来，其广告创意却又空洞乏味，既无绝妙的营销理念也无绝妙的创意理念——这正是你的努力目标。

绝妙的营销理念，任何时候都必须专一。构思销售主张的时候，不要在主要客户承诺之外还塞进去一些次要见解，不要妄图以文字游戏、"建设性模糊"、"创造性混沌"等方式来遮掩你一团糨糊的脑袋。

例如，不要既说你的产品能够使潜在消费者更快地完成工作，又说你的产品能使潜在消费者显得更加职业化。这包含了两个各自不同、创意表达要求也因而非常不同的主张。

我知道客户可能会要求同时传达两个不同的主张。甚至，一些客户会问："为什么只有两个？我们有四个优势，至少放进去三个吧！"创意简报撰写工作最困难的地方就在于与客户就哪一个优势最能吸引广告受众达成一致：每一个销售主张只包含一种见解。

坚守你的立场。例如，如果是电视或者广播广告、广告牌、网络横幅广告、（在线）中页广告、短信广告或病毒式广告短片等广告形式，你可以跟客户讲：在一个广告中同时传达多种利益不可能收到实效。原因很简单，每个广告的空间只够容纳一个主张及其支撑。

然而，如果是大众纸媒广告、直邮广告、插页广告、长时间导购节目、电子邮件广告、播客广告或者微型网站广告，那么你就应该解释清楚，应该在"绝妙"创意及其支撑得以突出传达的前提下考虑其他次要利益的传达，而且那些利益会在创意简报的支持论点中很强地表现出来（见下面第 14 步）。

但必须坚持：每一个主张只能包含一个承诺。要让客户知道，只有使创意人员的想象力集中到一个点上，他们才能使客户产品的利益凸显出来，进而有效说服消费者。

14. 支　撑

第 13 步已经说过如何表达销售主张才能从消费者那里得到"哦？有意思，你接着往下说"的响应。下面就要讲接下来应该

> **Note**
>
> 创意简报撰写工作最困难的地方就在于与客户就哪一个优势最能吸引广告受众达成一致：每一个销售主张只包含一种见解。

> **Note**
>
> 写下能够支撑你的销售主张的事实依据。这些依据必须是确凿的事实，而非道听途说，或一厢情愿的胡扯。

说什么。

写下能够支撑你的销售主张的事实依据。这些依据必须是确凿的事实，而非道听途说，或一厢情愿的胡扯。如果你从一开始就照着我的建议做了，你的前期工作应该足够充分，现在的任务就是将相关重要资料加以提炼。这些资料可能是定性研究、实验室测试、销售数据、所得奖项、报刊评论、最佳购买清单等，或者服务交付、产品制作方式的创新。

其中任何一种都有可能成为广告创意的突破点。你可以想想可能是迄今为止最著名的大众纸媒广告——恒美广告公司为大众汽车公司做的《柠檬》（Lemon，此处作"瑕疵品"解）广告。这是一则颠覆性的广告作品，但读过该则广告的文案之后，你会发现，其创意仍然源自于大众汽车的特殊组装方式等相关事实性基本信息。

但必须记住，截至目前，你还只是在为销售主张提供支撑——只为销售主张。突出强调这些支撑性事实，并写下"潜在消费者购买这一产品的其他理由"。

在第10、11步，我们指出过产品可能能够解决客户的某些次级问题，现在是说明"何以能够"的时候了。不能止于列举产品特性，还应说明这些特性之于消费者有什么意义：将给消费者带来哪些利益、能够解决哪些问题？大可以在附件当中尽情展示更多的产品细节，但首先，你自己必须吃透了所有信息，并且通过创意简报向创意团队指明重点所在。

如果"促销优惠"——如免费解说、打八折、免费试驾、三个月的无息借贷、买二赠一等——也是广告信息的一个部分，现在也应该详细说明，并确保创意人员知晓情况。如果创意人员知晓了却没有在广告作品中加以突出，那是很愚蠢的。但我再强调一次，这只是附加信息。如果你并不打算将此作为销售主张（根据我的经验，这种情况确实罕见），就必须确保"促销优惠"信息息不与"绝妙"创意相冲突。

即便客户没有提供促销和优惠信息，你也应该花些心思考虑如何在创意当中添加一两条这方面的内容——只要与品牌形象、产品以及本次广告活动的销售主张一致。

15. 腔　调

恰当的腔调源自你对于品牌以及消费者—品牌关系的理解。腔调必须简单且直截了当，不要试图面面俱到：新潮的、体贴的、渊博的、权威的、吸引话题的、专业的、务实的。

总的来讲，各媒介渠道的腔调应当保持一致。但如果你与一部分特殊人群通过电子邮件进行联系，那么对话方式就应当有所区别。如果你的沟通对象是 IT 行业的专业人士，其话语肯定会比 IT 行业的行政人员专业性更强一些。必须让创意团队明白这一点，向他们出示你与某客户之间的通信记录，让他们明白应该如何调整相应的腔调。

16. 固定内容

此处，将要阐述某些固定内容——例如标识、电话号码、网页地址等。我知道这些工作应当是收尾阶段的事情，但向创意人员传达创意简报的时候，一定要让他们对这一点引起重视。例如，你一定要在电视广告中涵盖某一个镜头，从第一天开始就应当让你的团队知道。此外，如果客户所在的是医药、金融行业，那广告作品还应当遵守相关行业条例，那就要确保创意团队对此有所了解。此类事情常常在你准备展示最终的广告作品的时候才发现——为时已晚了，只有挨骂的份儿了。

17. 签字同意

创意简报上一定要有创意简报撰写人的部门主管的亲笔签名。

也即，如果创意简报的撰写人是客户主管，那就必须经过业务部经理的签署。如果是客户企划人员，那就应当经过策划部经理的签署。之后，还要有创意总监的批准。

不要忘了，创意简报草案完成之后，还有后续工作要做。因此，在提交简报草案给业务部或策划经理与最终将其转入创意团队之间，还应预留一定的时间空当——至少四天。

经创意总监签字之后，创意简报还应提请客户"签署"。这是整个的创意简报撰写工作过程中最重要却经常惨遭忽视的一环。事实上，有的广告公司经常以电子邮件的形式——不做说明，也不展开讨论——向客户提交创意简报。这是一种十分愚蠢的做法：让客户参与修改创意简报（并最终"签署"）是建立良好的客户关系的重要方面，也是整个（广告方案）贩卖过程当中至关重要的环节。这方面的内容我们将在第 7 章详细论述。现在，我们照流程将创意简报转入创意团队。

不要着急，在那之前，还要在你那儿逗留一会儿，简单谈一下创意简报的"撰写"。

撰写创意简报的若干关键词

下面的内容不仅对你撰写创意简报有帮助，对于你提高公文、电子邮件、信件、演讲稿等的撰写技能也有帮助。

无论你写的是什么，有一点始终不变：写作本身确实不易。有些人一旦开始写东西，其词句就开始变得矫揉造作，与他们平时说话相去甚远。

找到自然的腔调的简便方法是，设想你的读者正坐在你面前，你们正在聊天。怎么说就怎么写，像日常对话一般。（如果你所写的是广告文案，记住你是以品牌的身份讲话，即以第 15 步所讲的方式：是品牌正在和受众侃侃而谈。）

如果你经常情不自禁地转向商业絮叨和营销老调，要尽量避免，因为这恰恰暴露出你对所谈内容的生疏。如果无法一时彻底克服，至少要设法将其从你的作品中剔除出去。这些经过了"预先包装"的词汇会使你无法深入思考你真正想要表达什么。这时，

> **Note**
>
> 找到自然的腔调的简便方法是，设想你的读者正坐在你面前，你们正在聊天。

在你和语言之间，驾驭者就不是你而是语言。

如果你的受众满口行业或部门术语，要倍加小心。你如果"人云亦云"，难免会犯错，损害自己的公信力。此外，撰写创意简报的时候，也应当彻底杜绝行业术语。不要忘了，这个时候，创意人员就是你的受众，他们也很可能理解不了这些行业术语。

设想你的读者正坐在你面前，你们正在聊着天。怎么说就怎么写。

使用四个字母的词语

那么，哪些词汇易于理解？最常见的 80 个英文单词当中，有 78 个是盎格鲁－撒克逊词根的。这些词"短小精悍"，在日常生活中使用普遍。用"做"（make）而不用"生产"（manufacture），用"认识"（know）而不用"知悉"（acquaint），用"许多"（many）而不用"众多"（myriad），用"见面"（meet）而不用"会面"（rendezvous）更不用"会合"（interface），用"免费"（free）而不用"赠品"（complimentary），用"吃掉"（eat）而不用"消耗"（consume），用"大概"（about）而不用"近似"（approximately），用"得到"（get）而不用"获得"（acquire），用"开始"（start）而不用"启动"（initiate），用"参加"（take part）而不用"加入"（participate），用"思考"（think）而不用"概念化"（conceptualize），也不用美国朋友所说的"形成观念"（ideate）。这些词人人知悉——对不起，人人认识，有助于读者的理解。你如果不信，可以测试一下。

快速阅读，数出有多少个字母 F：

**FABULOUS FACES ARE OFTEN
THE PRODUCT
OF A LIFETIME OF**

GOOD LIVING COMPLEMENTED BY THE BENEFITS OF NATURE

雍容华贵总是

终生

生活优渥

外加天生丽质

的结果

有多少个？3个？4个？事实上有8个。在快速阅读的时候，你的眼与脑会集中处理比较长、使用比较少的词汇，而忽视较短、使用频率较高的词（例如其中的3个"of"）。这就意味着，如果你使用简短、熟悉的词汇，读者就将用更少的时间去识别词形，将更多的时间用来理解词义。

有一个简单的词不只在创意简报中会用到，在你写的所有材料中都会用到。那就是"你"，这个词出现频率是"我"或者"我们"的三倍。这足以说服你从读者的角度来行文。

这还有助于你克服最大的难关——开头。文案或公文的开头段应当反映读者的（阅读之前）观点、经验、知识或者态度；以此作为写作的起始点——就像很多优秀的销售人员一样，"欲擒故纵"，巧妙地使读者不由自主地转向你的立场。

如何才能4万美元每单

迄今为止，最好的文案撰稿/销售员或许是比尔·杰米（Bill Jayme），在上世纪80年代的美国，他每写一份直邮广告文案的报酬是4万美元。毫无疑问，比尔掌握了成功的秘诀。"我在移情方面天

美编大卫为本书选择了有衬线字体（serif face），因为这要比无衬线字体（sans serif face）更易于阅读。他还将每页分为2栏，每栏宽度为40个字母左右，以便于你的视线往复。他也没有采用黑底白字的设计——如你所见，这也不利于阅读。

注：本书的中文版本字体是宋体

赋异禀。"上世纪90年代的时候他这样告诉《纽约时报》的记者。他所有的直邮广告文案，总能一开头就准确楔入潜在消费者脑海当中的空隙。例如，在为《今日心理学》（*Psychology Today*）所作的一则经典直邮广告文案中，他这样发问："即便一人在家，你也要关上浴室的门？"

透过他人的视角看待世界，你也能做得很出色，不仅是工作。如果你这周六有一个约会，试一下说"你"的次数三倍于说"我"。我敢保证，你的约会对象一定会认为你是他们今年所遇到的最风趣、最健谈的人。并且，当你们次日吃完早餐、相互道别之后，他们还会这么想。

文案工作也是一样：要用短句。本书平均每个句子只有9.18个单词。这也是你至今没有放下这本书的原因之一。

段落也应简短。每一段话只表达一个观点。

并且，各个段落之间应该相互承接呼应，确保逻辑连贯。

为文案添加小标题，人们会更愿意阅读

可以用小标题来总结段落内容，使读者获知每个部分的整体含义。大多数人都会先大致浏览一下你的作品，以判断是否值得阅读。小标题使用得当的话，更容易获得读者的青睐。

你不会在初稿中就达到以上所有要求，事实上，初稿之于成稿相当于草稿之于最后刊登在杂志中的广告。因此，不妨暂且从你的作品中"抽身而出"，以新的眼光重新审视。任一学科领域的作家都知道，好作品需要时间。最好的作家对自己的作品都非常苛刻。斯蒂芬·桑德海姆（Stephen Sondheim）一直对其音乐剧《西区故事》（*West Side Story*）中的经典唱曲《我真美丽》（*I feel pretty*）的唱词深感窘愧。"其中很多唱词令我愧悔……'我很担心，我已深感陶醉'出自一位波多黎各女孩之口，她研究什么的？诺埃尔·科沃德（Noel Coward）吗？"桑德海

> **Note**
>
> 任一学科领域的作家都知道，好作品需要时间。最好的作家对自己的作品都非常苛刻。

姆被很多人认为是健在的最伟大的作曲家,他尚且觉得如果之前花了更多的时间去雕琢,作品会好很多。如果你也这么做的话,一样会好更好。

听取他人建议

如果时间允许,尽量让别人阅读你写的东西。不能催促别人:"15分钟后我必须把这东西交上去,你先帮我看一看,给点儿建议。"你没有显示出你希望别人提出有用建议的意愿,也没有给出相应的时间。

例如,如果你起草的是一份公文,你就应当告诉你的征询对象这份公文的读者对象是谁、主题是什么、读者对于这一主题的当前看法是什么、你希望他们读完之后产生怎样的想法和做法。还应当给批评者留下至少足够通读一遍的时间。更重要的是,要给自己留下充足的修改——根据批评者的建议——时间。

说到创意简报的撰写,业务经理当然应该为你提出富有建设性的建议。实际上,每当你遇到困难,他们都应当有求必应。如若不然,你可以提醒他,好的主管总是知道手下何时陷入了"大比分落后"的困境,也知道如何让他们"拿到局点"(迎头赶上)。

终于到了将创意简报移交创意部门的时候——你赢得了创意简报撰写工作的"决胜点"。再耽搁你一点儿时间,看看我对于撰写创意简报的最后一个建议。

有些人认为,创意简报提案——面向创意人员——应当郑重其事、大张旗鼓。否则的话,他们担心无法引起创意人员的足够重视,不卖力气。因此,这些人会将创意团队带到九曲湖(Serpentine),在一艘颤颤巍巍的小划子上讲解创意简报。或者将他们带上高出泰晤士河250英尺(76.2米)的"伦敦眼"摩天轮(London Eye)。时间不很多的则带创意人员去酒吧"冒险"。

省省吧。创意团队想要的只是一份内容清晰、井井有条的创意简报——预算合理、主张专一、时间充足。

当然，如果他们坚持要狂欢一番，你可以带他们去马戏团。之后你就可以离开了，让他们自己疯去吧，因为他们显然本身就是一群小丑。

5.

恰切截断：绝妙广告
创意从何而来

Relevant abruption. Or what a big creative idea looks like

如果你受到本章标题的吸引而首先翻到了这里,就此打住——翻回第一页,从头开始。不经过本章之前所述预备性功课,你不可能做出来能够让自己引以为豪的创意作品。

对于那些认真从第一页阅读至此的读者,借用著名的霍华德·勒克·戈西奇的话,可以做这么一个总结:"不感兴趣的东西人们不会去读,广告也不例外。"吸引广告受众的是你能给他们带来何种利益。更确切地,你必须向他们证明,你所贩卖的产品和服务能够解决他们的问题。

最好的广告作品必然遵循"问题/解决"机理。确切说来,最好的广告作品源自最好的——能将"问题/解决"说明清楚——创意简报。

好的创意简报离不开绝妙的营销创意,而后者离不开以下两部分信息:

- 消费者或潜在消费者当前面临什么问题?
- 广告客户的产品或服务提供了什么样的解决方案?

道理很简单,没有适宜的创意简报,就不会有适宜的广告创意。不要将搞掂创意简报的希望寄托在创意人员身上。这不现实。

如果客户服务人员没有提供适宜的创意简报,创意人员最多能使广告作品看起来不错——广告公司可以一展愁眉,广告客户也可能印象深刻,作品甚至可能赢得某个广告大奖。但几无可能引起消费者或者潜在消费者的注意,并使其按照你的希冀"参与进来"。也即,以最紧要的标准——客户参与——衡量,这仍然是件失败的广告作品。

因此,再提醒一遍,没有适宜的创意简报,就不会有适宜的广告创意。

绝妙创意的目的是……

然而，假如创意简报是适宜的，对于创意团队的唯一要求就是：提出一个绝妙的广告创意——演绎或者论证创意简报所提销售主张是其唯一意义。

创意人员应当清楚，呈现一个与销售主张无关的理念毫无意义。但有时候，创意人员会发现，创意简报当中的某些与销售主张没有直接关联的信息反而是广告创意的最佳生发点。假如发生了这种情况，要向他们说清楚：将创意简报当中的哪些内容选作创意重点是他们自己的事情，与客户服务人员无关。让他们明白：绝妙的广告创意的唯一意义就是演绎或者论证创意简报所提销售主张。

绝妙创意从何而来

创意团队的着力目标可被称为"恰切截断"（relevant abruption）。

这是什么意思？"截断"（abruption）就是使目标受众的注意力发生突然而意外的中断。它打破沟通的迷雾和嘈杂，使人们注意到你宣传的信息。

但吸引潜在消费者注意本身并非最终目的，也不会收到好的效果。例如，如果你在一个跨页广告中用36磅的加粗黑体印上"狗屎"二字，确实可以引起读者的注意，但除非这是农肥广告，否则不会带来任何经济效益。事实上，这样做只会惹怒受众，并对该品牌避而远之，反而有损品牌声誉——这本是广告的维护对象。

你的"截断性"（abruptive）创意必须是"恰切"（relevant）的。也就是说，广告创意必须能够"打扰"潜在消费者：要么吸引他们注意到自身所面临的问题，要么吸引他们注意到你们所提供的解决方案。简言之,必须精准地向他们揭露,在购买了你所贩卖的产品或服务之后,他们将能够享受到什么利益。

若有任何与此无关的内容,第一次创意工作会议召开时创意总监就应予以批驳。

如果创意已经自动地从创意简报中"脱颖而出"了,那当然很好。但不要以为有了创意之后就万事大吉了。创意人员还得施展自己的说服力。

抓住机会,实现销售

我在第1章就说过,任何营销沟通的主要目的都在于说服潜在消费者:让他们认为你贩卖的产品比其竞争产品更好,还要引发潜在消费者的购买兴趣。

过去15年以来,广告创意人员逐渐丧失了说服潜在消费者的信心、能力或意愿。现在,广告创意人员在拼尽全力将潜在消费者的注意力吸引过来以后,通常是这么结束的:"欲知详情,请登录我们的网站。"

功败垂成,机会就此失去了:(1)已经达成了极其艰苦的吸引潜在消费者注意的任务,却没能抓住大好的销售时机;(2)在登录了你所指示的网站之后,潜在消费者很可能变得灰心丧气——大多数网站的互动功能都很差劲。

然而,潜在消费者之所以"情愿"去上网,其实是因为广告公司和广告客户"拒绝"分享广告信息。广告公司和广告客户似乎都确信:没有人愿意花时间去读大众广告、直邮广告和电子邮件。

打开某些主流网站的网页,你会发现,广告文案无处不在。以宝洁公司的网站(www.homemadesimple.com)为例,克里斯托弗·福尔默(Christopher Vollmer)与杰弗里·普雷科特(Geoffery Precourt)在《随时在线》(*Always On*)一书中提到:"它的网页上满是广告信息——产品信息、受众报导、居家创意（烹饪、装潢、古玩收藏）、抽奖、促销……"

勇于探求更多细节

消费者很乐意同时从多种渠道接收商品信息。英国皇家邮政集团最近委托位于伦敦的未来基金会（Future Foundation）对部分最忠实的社交网络用户进行了研究。结果发现，超过三分之一的用户欢迎排他性产品信息，也非常期待特价优惠信息。但让他们沮丧的是，由于营销机构的信息传播失败，他们并不清楚应该去哪里获取这些信息。

事实上，确实有一些聪明的广告公司正在向某些"意见领袖"群体发送"信息包"，借此展开口碑营销。但单独依赖这种推广方式会增加客户成本，降低收益。2007年英国皇家邮政集团所做的居家购物追踪研究（Home Shopping Tracker Study）得到的数据可以很清楚地显示这一点：在线购物者平均每年花费1 221英镑，而那些下单前查询商品名录的在线购物者平均每年的花费跃升至1 526英镑。原因很简单：消费者掌握的信息越多，他们就越自信，也就更加乐意购买。

由此可见，在成功将潜在消费者的注意力吸引过来之后，一定不能忘记你是在"卖产品"。只要沟通到位，潜在消费者就有足够的理解力接受你的说服。让他们知道，你能够解决他们的问题。透过他们的眼睛来看待产品，让他们明白产品会带给他们什么。运用创意简报当中的支撑证据，设法使消费者"感同身受"，消弭惰性和猜疑。最终，和潜在客户"成交"或赢得明晰的客户响应。

听起来挺有道理？理论说教到此为止。

实例展示

接下来，本章主要通过实际案例来对销售主张/绝妙营销创意及其应该如何予以戏剧性的演绎或展示：绝妙广告创意。

我选择的 10 个案例涵盖了广告从业人员必然会接触到的多种媒体，涉及几大常见门类：B2C、B2B 以及慈善（公益）营销。我也选择了一些小预算案例。实际上，这些案例当中，大部分你都会以为不大可能产生绝妙创意。只要有可能，我都会告知每个案例的最后效果。

看完这些广告之后，你会注意到，它们有不少共同之处。

首先，植根于真实生活。大多数拙劣的创意（也即大多数创意）传达给消费者的营销信息都与真实生活相隔遥远。如果你仍不明白我所指何意，打开电视、信箱、电子邮箱和杂志看看吧。铺天盖地的广告，其创意或许足以迷住广告客户，却引不起潜在消费者的丝毫兴趣。你千万不能这样！

将创意植根于潜在消费者的真实生活，"就地取材"——人工制品、流行文化信息以及各种日常参照物。实际上，就像有些艺术家仿效马歇尔·杜尚赋予现成物品和"摭拾物"（ready-made and found objects）以艺术意蕴一样，你也可以赋予这些人工制品以广告（说服）意蕴。这听起来像是在附庸风雅，接着往下看，你会明白这种做法的效果。

其次，制作质量很高。有多少"杰出"创意的成品未能如愿？不少吧！很多时候，这是因为创意团队没有时间、缺少预算或者——说白了，不愿意踏踏实实地将工作做到位；另外，还可能是因为制作部门没有时间、资金或者缺乏相应的专业技能。

你可以通过以下几个方法对之加以纠正：（1）提醒创意团队注意詹姆斯·韦伯·扬在其《产生创意的方法》一书中提到的最后一个阶段："加以改造、完善，使之切实可用"；（2）聘用富有实干精神并将之注入整个团队的制作主管或创意总监；（3）为创意及制作人员预留充足的时间，以更好地完成工作。

好了，理论说教就此打住。一起来看案例。

客户
AA 汽车协会

创意简报

AA 汽车协会是一家机动车辆道路救援组织,其"问题/解决",即会员的机动车辆出现故障时,为其提供相应的道路救援服务(拖吊、换水、充电、换胎、送油以及现场维修等)。由于会员注册方式是年度注册,因而 AA 组织计划开展一项直邮(广告)计划,以提醒用户续签。某广告公司应 AA 的要求,设计制作"最终提醒"明信片——最后一次提醒未能回应之前的所有续签提醒邮件的收信人。

销售主张

您如果现在不续签 AA 汽车协会会员资格,一旦汽车坏在路上,就只能自己想办法了。

广告创意

明信片正面印着标题:"您如果不续签 AA 公司会员资格,这张明信片就是您回家的唯一办法。"下方是电话号码。文字突出,视觉感强烈。

明信片背面是棕色硬纸板,印有手写体的收信人所在城市名称。例如,如果某位到期未续会员住在伦敦,寄给他的明信片上就印着"伦敦",如果住在德比,明信片上就印着"德比",依此类推。通过这种方式,向会员传达出以下信息:如果会员资格到期后终止续约,一旦车坏了,其唯一选择就只有搭便车了。

我知道,很少有哪家广告公司的创意人员愿意接手"明信片"一类的创意简报。事实上,通常只有在无法推托的时候,创意人员才愿意在上面花上半天时间,应付过去,然后转向那些更有"前途"的工作。切不可如此"一心二用"。每一份创意简报都有闪光的机会。

我想指出的另一个方面是,创意出来之后的后续"雕琢"工作。

你可以看一看针对伦敦会员的"搭车"广告。其中的两个"O"是否不同?创意人员——要么是史蒂芬·蒂姆斯,要么是安东尼·克里夫——意识到,如果是手写体,两个"O"绝无可能形状一样。为了获得一种逼真的手写效果,他们掺杂了三种不同的字体,以免字形重复。

为了向广告作品注入真实感——其必要性如前所述,这些小细节大有裨益。

事实上,"真实性"对于延迟消费者疑惑——对于你的广告信息——的到来至关重要。

第5章 恰切截断：绝妙广告创意从何而来 103

正面品牌信息突出，行动呼吁强烈。

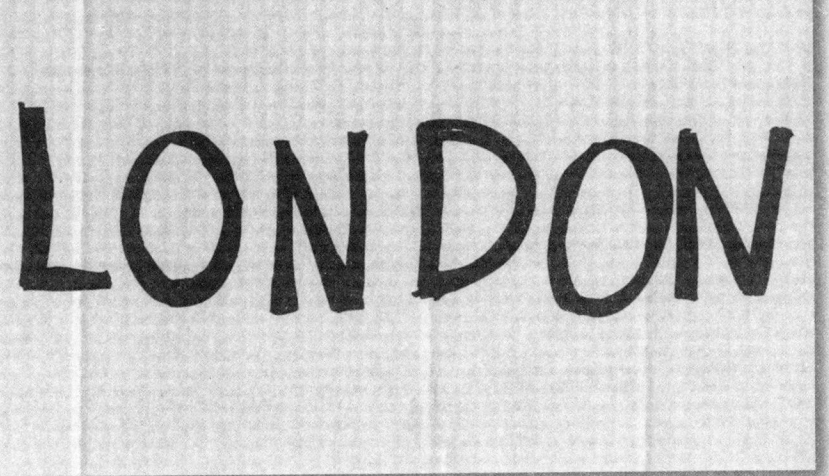

背面是过期未续会员的搭便车纸板，写着其所在城市的名称。

客户
棒！约翰

创意简报

"棒！约翰"在秘鲁利马有多家连锁店。这些店面都位于商业中心地区，这就意味着他们的顾客主要是在市区购物、工作或参加社交活动的人。但那些居住在每家店面半英里以外区域的潜在消费者怎么办？无论他们多么想吃美味的"棒！约翰"比萨，出一趟门难免麻烦。

销售主张

拨打订餐电话，我们会为您送餐上门。

广告创意

利马郊外富人区的居民都有很强的安全意识，多数家庭的大门上都有猫眼。一有人敲门，他们都会先看看是谁，再决定是否开门。广告公司就想到，这是一次让潜在消费者——在订餐之前——体验"棒！约翰"比萨送餐服务的机会。方法是在猫眼前贴一张小图片：下次有人按门铃，潜在消费者向外看的时候，映入眼帘的就是一位"棒！约翰"比萨送餐人员手捧比萨饼、面带微笑等候在门外。

效果

与之前使用的更传统派送宣传单方式相比，这种新方法使订餐人数增长了80%。

这一则广告再一次印证，没人看好的低预算创意简报也可以做出成功的作品，并且获得奖项。实际上，再没有比常遭冷落的宣传方式——上门推销——的创意简报更不被人看好了。

上门推销之所以往往不起作用，是因为缺乏针对性、漫无目标。创意人员设计的上门宣传单往往照猫画虎、式样老套则是另外一个常见的失败原因。

本则广告则完全不同。创意人员决计拿出一个真正"截断性且恰切"（abruptive and relevant）的创意来，而不是另一份大同小异的宣传单。他们结合自己对当地生活的了解，想出了一个针对当地目标受众的广告样式。为此，他们还特意使广告信息（包括电话号码）大写突出。

这是一个极佳的产品利益"戏剧化展现"实例。

这同时也说明，绝妙的广告创意能使一个"泯然众人"的营销创意顿时变得卓尔不群。但如果营销实在糟糕，恐怕创意人员也是无力回天的。

我在本书第4章提到过，销售主张有时候可能就是某产品门类固有的共同利益。该种情况下，创意团队只要予以传达就可以了。

广告公司
QUORUM/NAZCA 萨奇，利马

第5章　恰切截断：绝妙广告创意从何而来　105

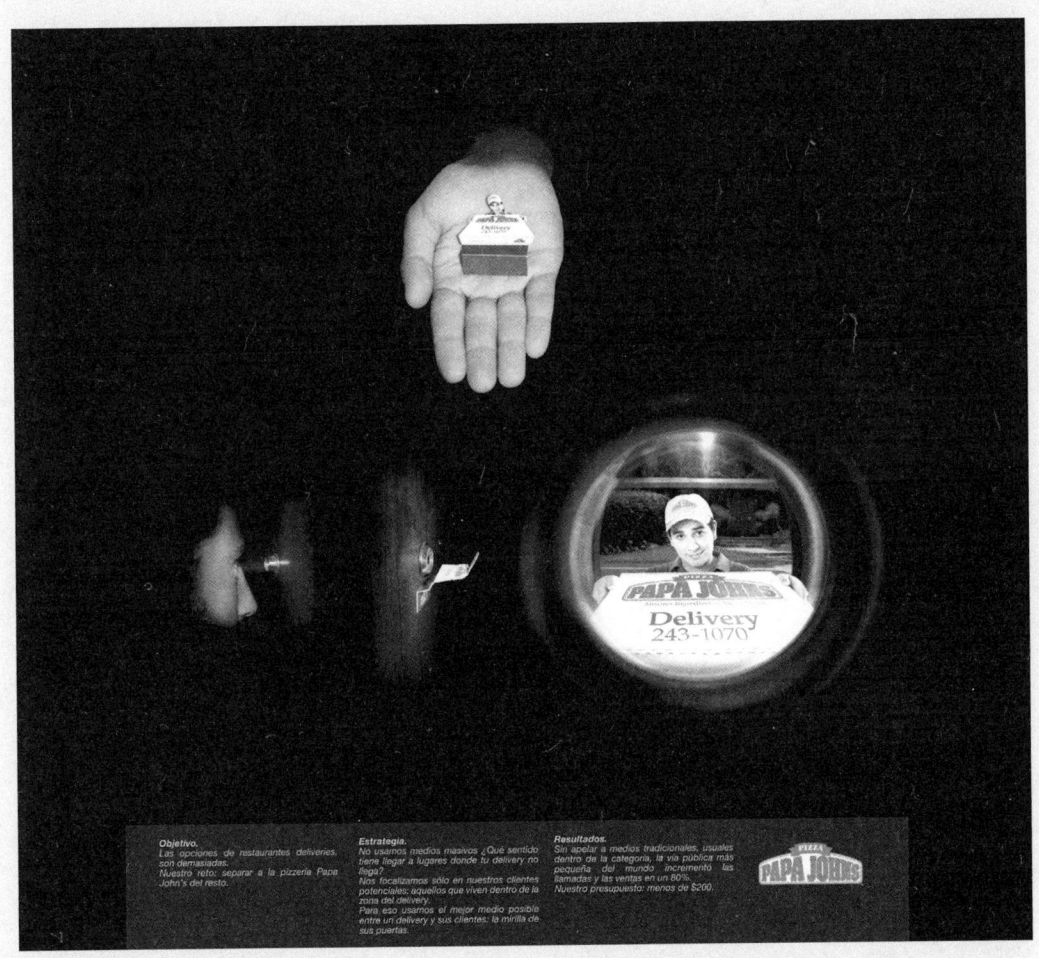

广告公司在门上的猫眼前贴一张小图片：下次有人按门铃，潜在消费者向外看的时候，映入眼帘的就是一位"棒！约翰"比萨送餐人员手捧比萨饼、面带微笑等候在门外。

客户
本田汽车

创意简报

许多车主或者潜在的汽车买主或许都考虑过购买柴油引擎汽车，最终却因为柴油引擎的空气、噪音污染问题而放弃了。

销售主张

本田汽车公司的柴油引擎不会污染环境。

广告创意

该动画电影/电视广告的开头是一派美丽的自然田园风光，伴随着画外音："此歌送给所有有所牢骚的人。"之后是副歌："有所牢骚，寻求改变，世界因此变得更好。"突然，乐园逝去，一队柴油引擎滑过天空，噪音刺耳，废气突突，原本怡然自得的瓢虫、小兔子、青蛙、公鸡、企鹅纷纷避让，唯恐不及。

随着歌曲的进行（"那些柴油引擎为什么一定要这么不急不慢，咔哒咔哒，哼哼唧唧？"），引擎被这些愤怒的自然精灵一个个地清除出去，一个不剩。字幕出现："哦，这样的柴油引擎不是很好吗？"天空中划出一道彩虹，一台锃光闪亮的引擎出现在天空，既安静又清洁，火烈鸟、蜂鸟翩翩起舞，完全是一幅巴斯比·伯克利电影的场景，然后切换到一个高空镜头：鲜艳的花圃中出现了"本田 i-CTDi 柴油引擎"等字。最后的画面是本田汽车的标识以及广告语——"梦想的力量"。

广告效果

柴油引擎推出之前的 2003 年，本田雅阁（Honda Accord）的销售量为 518 辆，该广告播出以后，2004 年增加到了 21,766 辆。广告推出 3 个月之后，本田品牌的消费者认知翻了一番，总销售量提高 35%。

这是一则最为世人称赞的广告作品之一，也是问题（潜在消费者想要购买柴油引擎汽车，但担心污染大、噪音高）及其解决方案（本田所制造的柴油引擎污染小、噪音低）的最佳案例之一。

再没有比这更直截了当的了。

当然，创意团队处理这种直截了当的营销创意的手法也非常精妙。首先，这一汽车广告中甚至没有出现汽车。可是，本田雅阁为何非出现不可？这则创意简报完全是推销引擎的，本着残酷无情的"唯一"目标，创意人员让 i-CTDi 引擎出演了这场大戏的主角。

真是完美！与其他所有好作品一样，这则广告也无限关注细节的产物。这个动画片从开工到完美收官，总共历时 6 个月。画外音选择了加里森·凯勒（Garrison Keillor），至为动心。音乐制作真正体现了约翰·韦伯斯特的信条：商业广告片的成功有一半是配乐的功劳。这部作品绝对值得亲身体验：看过之后，你无法不情不自禁地哼哼几句"不妨牢骚"。不信就试试。

广告公司
威登肯尼迪，伦敦

第 5 章 恰切截断：绝妙广告创意从何而来   107

广告一开始是一个脱尘出俗的自然乐园画面，接着闯进来一队噪音刺耳、废气突突的柴油引擎。

这里的动物奋起反抗，将柴油引擎赶出家园。之后出现了一台锃光闪亮的引擎，缓缓划过天空，既安静又清洁。

伴随着动物们的欢呼，画面终结处：新型 i–CTDi 柴油引擎宣告问世，同时闪现本田公司的标识。

客户
国际特赦组织

创意简报

国际特赦组织的目标之一是保护囚犯权利,其途径是劝说各国公民抗议本国政府违反人权的行为。本则创意简报要求创作一个富媒体横幅广告,以戏剧化的手法演绎国际特赦组织的核心理念。

销售主张

你只要写一点东西就可以拯救一个无辜的生命。

广告创意

第一个横幅没有标识,只写着"开始绞刑游戏"。点击后,游戏开始(这时依然没有出现任何标识)。但游戏一旦开始,游戏者就"面临"生死抉择——找到空缺的三个单词,才能挽救此人不被吊死。这三个单词是"Words save lives"(话语拯救生命),玩游戏的人找到并填写完这三个词之后,就会出现国际特赦组织的标识,点击便可进入网站。当然,如果广告受众没有在规定时间内找到这三个单词,那个可怜的人就会被带上绞刑架。

我之前提到过在广告作品中应用一些来自现实生活的元素所能产生的力量。这就是一个好例子,它利用了人们普遍熟悉的"绞刑"游戏。该创意之"惊悚"也不言而喻。

在本书第3章我就已经讲过,由于慈善广告所提呈的问题往往与目标受众的亲身经历无关,而跟第三方的切身经历相关。并且,慈善广告的解决方案也不由产品或者服务提供,而通过广告受众的参与——捐献时间或者金钱——来实现。

这一点对于本则创意作品的重要性绝对是毫无疑问的。其中的理念得到绝妙的戏剧化处理,即通过"与时间赛跑,赶在这个人被行刑之前找到三个目标单词"的创意,销售主张得到了极富"戏剧性"的表现。

这则广告也很好地利用了相应媒介的特性。数字化媒体的优势就是参与性强,这则广告尤其使人心生身临其境之感:吸引受众参与到救援情节当中,亲身感受体味"救人一命"的感觉。借此,广告信息得到了非常充分的展现。

广告公司
新西兰奥克兰阳狮
(Publicis Mojo)

第 5 章 恰切截断：绝妙广告创意从何而来 109

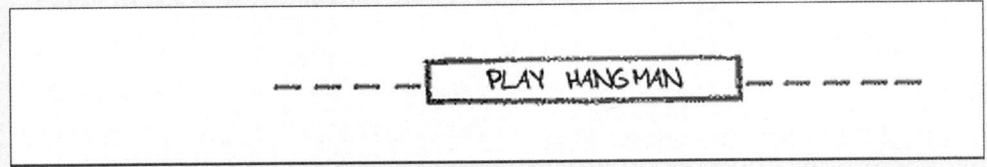

第一个横幅没有标识，写着"开始绞刑游戏"。

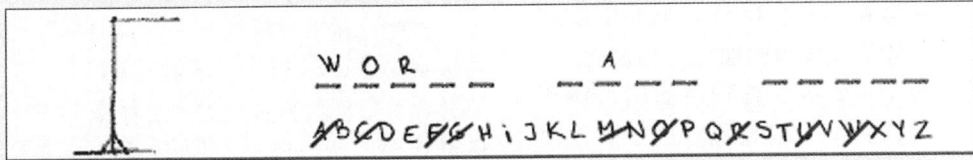

点击后，游戏开始。

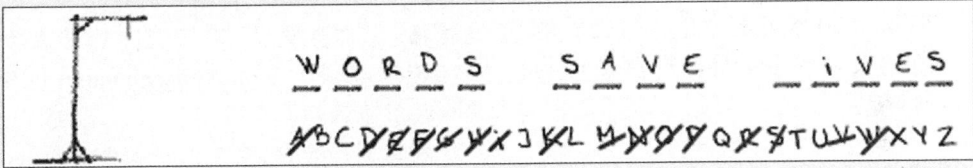

在这个人被带上绞刑架之前，

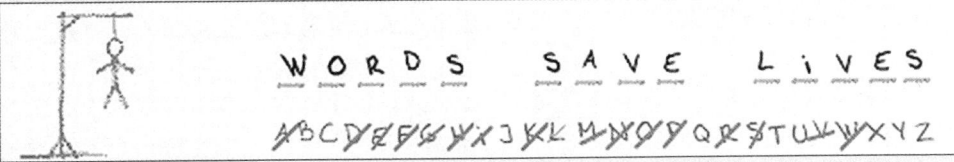

尽快找到这三个单词。

如果玩游戏的人及时找到了这三个单词，

国际特赦组织的标识就会出现，点击即可进入网站。

客户
奥林巴斯

创意简报

说服已经购买奥林巴斯mju600型数码相机的人也去购买PT-029相机防水盒。

销售主张

保证你不会错失绝妙的水下镜头。

广告创意

每一台奥林巴斯mju600都会预先收录一段数字影像。第一次打开镜头,这段影像就会在屏幕中播放。画面中出现的是一条鲨鱼气势汹汹地冲着你游过来,仿佛危险步步紧逼,直到最后出现特写镜头,鲨鱼露出一副笑脸。这个图像就此定格,仿佛是拍下的一张照片,字幕随之打出:"用PT-029相机防水盒,奥林巴斯mju600水下随意拍。"之后是督促潜在消费者登录奥林巴斯网站订购产品的呼吁。

广告效果

超过10%的奥林巴斯mju600数码相机用户购买了PT-029相机防水盒。

本则广告是创意人员为了能够在最精确的时间将广告信息传达至潜在消费者而"发明"一种专门的媒介形式的极佳范例。实际上,这使其成为"关键时刻营销"(MATMOT)的一个好例子。借用伟大的广告先驱雷蒙德·鲁比卡姆(Raymond Rubicam)的话,关键时刻营销理论的观点即是"广告即是人力不及之时的推销员"。问题是,无论是直邮、数字媒体还是电视,我们常常在最不适宜的时候——例如,当潜在消费者正忙于思考其他事情,而非我们的产品可以解决的问题之时——派出"推销员"。

因此,抓准时机开展"关键时刻"营销极有必要。这就意味着:(1)当潜在消费者面临你所贩卖的产品或服务能够予以解决的问题之时;(2)潜在消费者更有可能接受你的说服之时;(3)经由一种唯有你的目标受众才能接触到的媒介形式进行传播。[你会发现,这三点也正是成功的"情境营销"(ambient campaign)的三个关键方面。]

在这则广告中,潜在消费者极受感染,媒介形式也极其适宜:潜在消费者刚刚购买奥林巴斯数码相机,欣喜不已;他们按捺不住要打开包装、拿出相机,将镜头对准某些人或物;按下按钮,生活中的一个瞬间就永远定格了。他们一定不会为了节省不多的几个欧元(不买防水盒)而错过如此美妙的瞬间,难道不是吗?

广告公司
施普林格与雅各比,汉堡
(Springer and Jacoby Werbeagentur, Hamburg)

第 5 章 恰切截断：绝妙广告创意从何而来 111

第一次打开相机，预先收录在内的短片开始自动播放，画面是一条鲨鱼气势汹汹地游来，越来越近。

短片快要结束之时，鲨鱼露出一脸开心的笑容。画面就此定格，仿佛拍下了一张照片。

行动呼吁（字幕）随之出现，告诉有购买意向的消费者登录销售网站获取详细信息。

客户
IBM Tivoli 软件

创意简报

向三个不同行业的 IT 总监推销 IBM 的 Tivoli 软件，这三个行业分别是：（1）零售与分销行业；（2）金融服务行业；和（3）公共部门。所有这三个行业的 IT 总监都面临同一个问题：枯燥的日常事务占用了自己太多时间。

销售主张

Tivoli 软件能够胜任所有日常事务，使你能腾出时间来做更重要的事情。

广告创意

戏剧化演绎 Tivoli 软件的"隐形 IT 专家"形象——代替 IT 人员处理一切单调乏味的日常事务，即买即用。

广告效果

邮寄了 3669 份广告，总销售额为 1,158,293 英镑，邮资总计 9 871 英镑。投资回报率为 117：1。

之前的几个案例对面向个体受众的广告作品进行了分析。本则案例阐述的则是 B2B 情形下的广告创意。"问题/解决"机理对于 B2B 情形下的目标受众是否同样有效？当然有效。实际上，在这个大多数职场人士都感到工作负担过重、不被赏识、压力几近忍受极限的社会中，找到客户的产品有助于解决潜在消费者的何种问题并非难事。

在本则广告中，创意人员将 Tivoli 软件的优点进行了戏剧化演绎，将其比拟为一个新人，他/她默默地做着所有枯燥、耗时的工作。而他/她一旦不在，这些工作将占用 IT 总监的大量时间。

这则广告作品的另一个引人入胜之处在于，它展现了以下实情：不同行业的同一职务的人所面临的问题虽然是一样的，但他们对解决方案的要求并不完全一样。零售与分销行业的 IT 总监更看重 Tivoli 软件如何能够提高总体工作效率，而公共部门的 IT 总监则更看重成本的消减。

从创意简报撰写阶段开始，就应该根据目标受众的不同需求调整创意：尽管这三份"子创意简报"所秉持的是同一个销售主张，但销售主张之外的其他内容则根据行业的不同而有所区分。创意人员也根据潜在消费者的不同而对"论据"进行了微调——不仅是印有"隐形 IT 专家"字样的外包装，还包括附带的两页文案。

两页？是不是太多了？当然不多。是否记得本章开头时所说的，向潜在消费者展示说服他们购买产品的详细信息？这对于 B2B 情形下的广告作品尤其重要。原因有二：其一，产品售价昂贵；其二，广告信息的接收者很可能不是有权最终决定购买产品的人。IT 总监要购入 Tivoli 软件，或许必须征得财务总监的同意，还可能要与其他同事竞争有限的预算。因此，通过广告文案为他们提供赢得预算竞争所需全部事实依据至关重要。

第 5 章　恰切截断：绝妙广告创意从何而来　113

Tivoli 软件被定位为"隐形 IT 专家"，能够胜任所有日常性事务，目标客户领域包括：零售与配送行业……

金融服务行业。

公共部门。

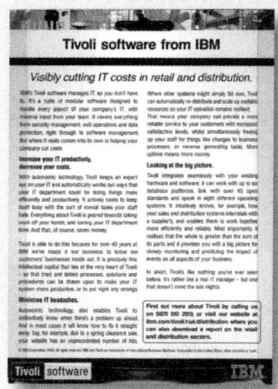  

包装背面提供了支撑性信息。

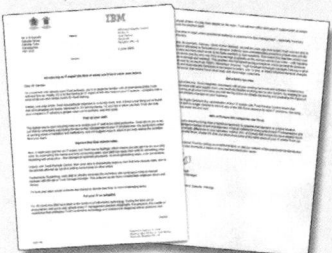 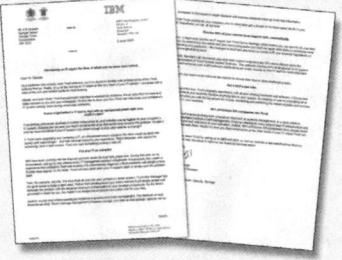 

两页篇幅的文案阐明了 Tivoli 软件的各个款型为何适用于某特定行业部门。

客户
施乐公司

创意简报

施乐公司要求我们推广新开发的 Docucolor 2240 复印/打印机。实际上，施乐公司要求我们设法将 Docucolor 2240 复印/打印机广告同时刊发于行业刊物和全国性报纸之上，并告诉我们预算只有 2.5 万英镑。

潜在消费者所面临的问题很明显：人们普遍认为高质量的彩色复印/打印过于昂贵。于是：

销售主张

Docucolor 2240 复印/打印机提供高质量的彩色复印/打印效果，而且人人买得起。

广告创意

我们说服英国顶级的年轻艺术家格拉万·特克在一张 A4 纸上创作了一幅原创作品。

之后我们安排他出席在英国泰特艺术馆举行的为时 45 分钟的露面会。在那里，他使用 Docucolor 2240 复印他的原创作品，然后签名售画——每张复印件售价仅为 10 便士。

为了吸引人们参与，我们特意在伦敦排名第一的消费指南——Time out——刊发广告，还在时尚/艺术主题学生酒吧发放广告明信片，并联络了多家媒体。

广告效果

超过 800 人前来参加格拉万·特克的签名售"画"活动，有的人不得不等候 3 个小时。（同样是在 3 个小时之内，售价 10 便士的格拉万·特克的原创作品复印件便在 eBay 网上拍出了 95 英镑的价格。）英国现代艺术之父彼得·布莱克爵士也在好奇心的驱使下前来捧场。

更重要的是，《金融时报》《每日电讯报》《泰晤士报》和《独立报》等大报的摄影记者都对此次活动进行了采访报道，而伦敦当地的《标准晚报》（*Evening Standard*）和《都市报》（*Metro*）则提前对此次活动进行了预告；复印/打印机行业刊物的报道强度更是不在话下。除了吸引了众多全国性媒体对于该型号的复印/打印机的报道兴趣之外，此次活动还上了 10 家媒体的头条，并在英国泰特艺术馆现场卖出两台产品。

此次广告活动所选择的媒介形式确实别出心裁，但仍不失为"问题/解决"机理以及"恰切截断"手法的另一个绝佳运用。与其他一切有效创意一样，这个方案同样清楚展示并戏剧化地演绎了销售主张。

然而，需要指出的是，如果不开展相应的配套性公关活动，这次推广活动恐怕不会产生这么大的反响。如果你有制造类似于格拉万·特克主题活动的"事件"的想法，广告创意初具雏形之时就应对相应的公关报道做出规划。甚至，你还有必要腾出时间来做一个媒体资料包（press pack，下一个案例将会涉及），将其与新闻发布稿一块儿交到记者手中。

第 5 章　恰切截断：绝妙广告创意从何而来

为了激起公众的兴趣，我们在消费导刊 *Time out* 上刊发了这则广告。

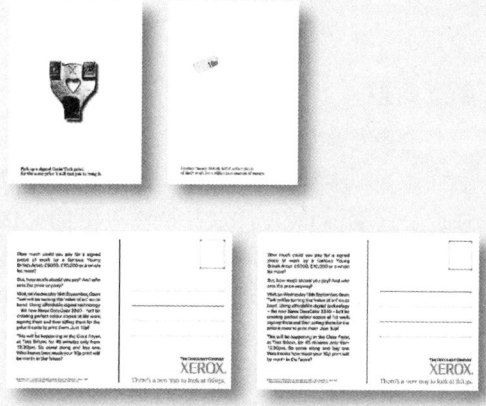

还向记者发放了广告明信片。

最后，超过 800 人前来参加格拉万·特克的签名售"画"活动，有的人不得不等候 3 个小时……

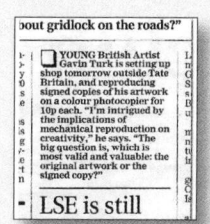
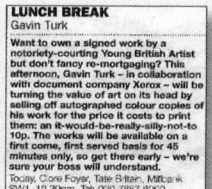

售"画"活动正式开始之前，伦敦当地的《标准晚报》和《都市报》都刊发了预告和评论，该次活动还吸引了《金融时报》《每日电讯报》《泰晤士报》和《独立报》等大报的记者前来采访。

客户
全英焦虑症患者协会

创意简报

全英焦虑症患者协会（现称为英国焦虑症救助协会，Anxiety UK）是英国救助强迫症患者（OCD）的主要慈善机构。他们向我们求助的时候资金有限。因此，我们没有遵循传统的创意思路，而是让全国焦虑症患者协会邀请记者参加新闻发布会，然后由记者进行媒体报道。

焦虑症的最常见症状之一就是对秩序的苛求。患者要求一切事物都必须按顺序摆放，井井有条。我们发放给记者的媒体资料包中也传达出了这一信息。

销售主张

我们希望你们能关注、报道强迫症的"内幕"。

广告创意

我们送给每位负责健康题材的记者一个"患有强迫症"的键盘。键盘的包装盒上面写着："是时候报道强迫症了。"

包装盒打开之后，记者可以看到这个键盘。仔细端详，他们会发现所有按键都已经重置，QWERTYUIOP 变成了 ABCDEFGHIJ……包装盒的内封上写着"尝试一下像一个患者一样输入文字"。这句话的下面其实就是新闻发布稿。注意创意人员对细节（强迫性？）的关注：各个段落依次以 26 个英文字母起笔。这再次传达出了患者对次序的苛求。

广告效果

预算开销不到 3000 英镑，邀请到 19 家媒体记者出席新闻发布会，其中包括《星期日镜报》《每日邮报》、伦敦城市广播和 BBC 四台新闻频道等多家媒体。《泰晤士报》《星期日泰晤士报》和《独立报》等报纸也对"全英焦虑症患者协会"进行了报道。我们还开展了相关公关活动，最终使 BBC 在其黄金时段节目——*Inside Out*——中插播、报道了此次慈善活动以及我们的推广活动，为时 12 分钟——其商业广告价值约为 40 万英镑。

在前一个案例研究中，我说过，一旦广告创意初具雏形，你就应当开始准备媒体信息包。

HTW 广告公司非常注重运用公关手段，那是因为：（1）在营销广告和新闻报道之间，人们更信任后者；（2）如本案例所示，运用公关手段更有可能收到"小预算、大影响"的效果。

我们非常清楚，记者的工作生活中存在忙闲悬殊的现象：新闻素材要么多到应接不暇，要么少到无事可报。因此，如果你在记者忙得应接不暇的时节召开新闻发布会，就很难吸引他们的注意，会很快被其他新闻事件湮没。

你会发现，此处所运用的技巧是：通过"恰切截断"的手法穿透"噪音"，以及避开"题材高峰"，预先为记者提供题材。

第 5 章　恰切截断：绝妙广告创意从何而来

为了吸引记者报道强迫症相关题材，我们特意给他们送去了一个"患有强迫症"的键盘。
为了刻画强迫症患者对于次序的苛求，我们将按键重新排列为 ABCDEFGHIJ……并刻意使新闻发布稿（印在包装盒盖内侧）的各个段落依次以 26 个英文字母起笔，总共 26 段。

客户
麦克米兰癌症援助中心

创意简报

癌症患者申请了救助款之后，常常要等待数月才能获得批准。麦克米兰癌症救助中心要求我们撰写一封邮件，邀请国会议员出席一个超党派会议，麦克米兰中心将在此会议上游说他们批准"缩短医疗救助款的发放周期"的相关法律。

销售主张

癌症患者等不起迟迟未至的救助款。

广告创意

我们向国会议员发送一封邮件，告知麦克米兰癌症中心将要发起的活动。这封邮件向议员发出强烈的暗示：他们最好对此次活动有所了解，以备其选区内的选民向他们质询相关问题。点击邮件当中的链接后，首先将出现大约持续10秒钟的熟悉的载入光圈。之后陆续打出字幕，讲述癌症患者如何一边忍受病痛的煎熬，一边翘首以待医疗救助款，一部分患者的去世不仅是因为病痛本身，还因为贫穷。字幕全部打出之后，会出现一个页面，告诉议员们他们能为这次活动做些什么。

广告效果

超过100名议员出席了麦克米兰癌症救援中心发起的此次癌症患者扶持会议。注意此次活动所收到的实效。646名议员中有超过100名参加。考虑到英国下议院本身的会议出席率也极少超过四分之一，此次活动的出席人数之多着实令人感到兴奋。在我看来，这封邮件能够收到实效的原因非常明显。

我在本章的靠前部分提到过，绝不能"在商言商"——因为广告受众根本不会感兴趣。你给他们的信息应该源于现实但被巧妙地赋予了广告（说服）意蕴。本案例即是这一观点的极好现实运用。

我们盯着屏幕上的载入光圈，心情开始变得焦躁，禁不住要嘀咕："确实正在载入吗？"

"漫长"的载入光圈旋转正是本则广告的"截断"措施，足够使受众变得（适度）焦躁起来。之后，随着字幕信息的逐渐显现，"使受众适度焦躁"——也即"截断"措施的目标——的恰切性得以揭露：激起议员们的羞愧感，让他们认识到，与那些一边与癌症做斗争、一边翘首以待救助款的患者相比，他们的遭遇简直微不足道。

看到这一邮件之后，议员们感到他们有义务参加这次会议，最终有100多位议员到场。

第 5 章 恰切截断：绝妙广告创意从何而来 119

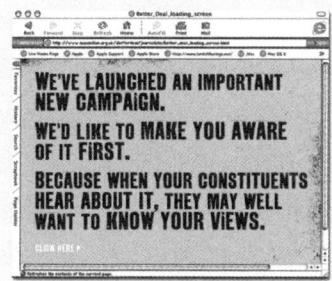 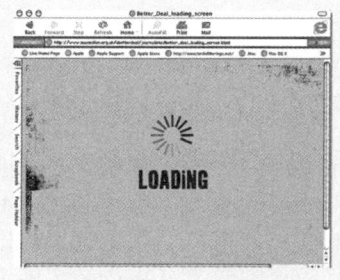 

议员们点击了邮件当中的链接之后，刚开始只能看到载入光圈在不停地旋转。

 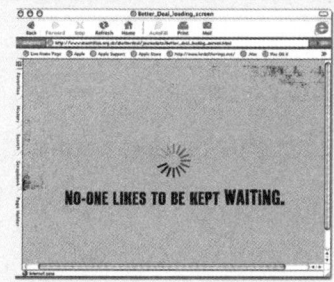 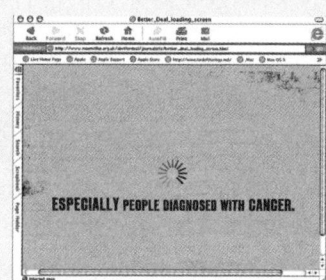

正在他们感到焦躁不安之时，字幕逐渐显现。

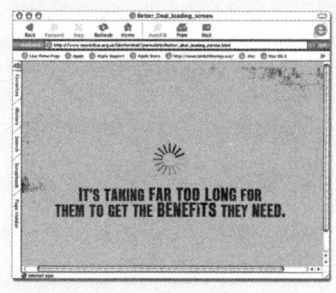 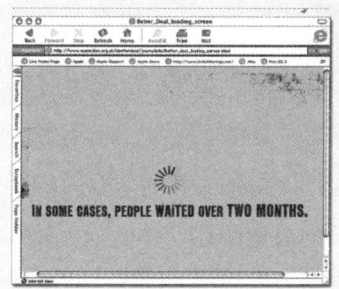 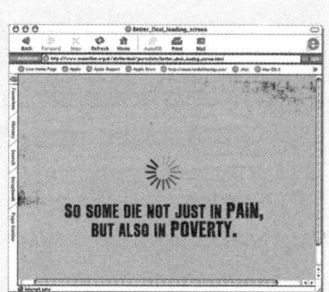

解释翘首以待救助款的癌症患者面临的问题，

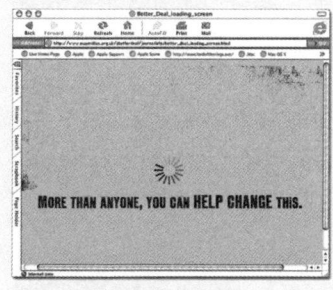  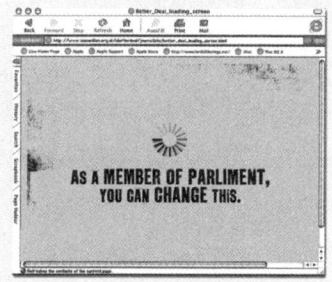

以及议员们此时可以为这个问题的解决做些什么。

客户
西班牙 Banco Gallego 银行

创意简报

此处的问题再简单不过了。如果你手里有一点闲钱，又不太信任股票市场，你就会想找一家能够给你带来最高收益的银行。

Banco Gallego 银行给出了 10% 的利率，大大超过其他银行，轻易解决了这个问题。但 Banco Gallego 银行的广告预算有限，并且还要与更大、更知名的银行竞争。

销售主张

为您的存款支付高达 10% 的利率。

广告创意

2006 年 6 月，体育节目实况解说员朱利安·洛佩特吉（Julian Lopetegui）在解说节目时，晕倒在镜头前。该段录像在 YouTube 等视频网站上疯狂传播。但始终无人知晓洛佩特吉晕倒的原因。四个月以后，社会上出现了未署名的报刊广告和海报，指引人们点击进入 www.whylopeteguifaited.com，承诺将解开所有谜团。

浏览者点击进入网站之后，会看到一段视频——据说是洛佩特吉晕倒录像的后半部分。这段视频中，摄像机录下了洛佩吉特晕倒的瞬间，之后镜头转向了周围的工作人员，他们都惊慌失措。视频末尾，一位工作人员站在那里，手里拿着一个提示牌，其上赫然显示：Banco Gallego 银行存款利率 10%。这段视频的潜台词是，正是这条消息使洛佩特吉惊厥倒地。

另外还有一个微型网页，阐述该种新型储蓄产品的收益，并使用户能够向朋友转发该段视频。之后，社会上又出现了署名的报刊广告和海报，再一次阐述该种新型储蓄产品的收益。

广告效果

Banco Gallego 银行的"洛佩特吉为何晕倒"的视频广告在 YouTube 网站上吸引了超过 1.4 万名用户注册观看、43,435 次游客点击以及 7 738 次网络下载。这则广告的效果超出了客户的预期目标：新增客户数量超预期 132%，新增存款数额超预期 157%。

这则广告是线上、线下媒介协同发力的极佳案例，是一次影响巨大、收效显著的广告攻势。

与上一个案例一样，该作品可称取材现实生活并巧加"粉饰"——赋以广告（说服）意蕴，以吸引受众关注的优秀示范。在本次广告攻势发起之前，洛佩特吉晕倒的视频在 YouTube 和 MySpace 一类的视频网站上的浏览量已经超过了 50 万，因而可称"取材真实生活"。

广告公司，优秀的创意工厂——沙克尔顿马德里（Shackleton Madrid）将这次广告活动做得滴水不漏。他们灵活地运用混合媒介，续戏谑以披露，亦庄亦谐；通过影像特技手段使晕厥倒地的洛佩特吉的两只脚夸张、搞笑地出现在画面当中，强化了创意的表现。最后，客户还很有想象力地将这个产品命名为"洛佩特吉储蓄"（Deposito Lopetegui）——这一命名使该次营销活动深深地植根于真实生活。

广告公司
马德里沙克尔顿
（Shackleton, Madrid）

第 5 章　恰切截断：绝妙广告创意从何而来　　121

4 个月之前，电视达人朱利安·洛佩特吉在镜头前晕倒。未署名的报刊广告和海报引导人们点击进入一个解释朱利安晕倒原因的网站。

该网站播放展示了此次事件的后续发展。工作人员围在一旁，惊慌失措。最后镜头定格在一位拿着提示牌的小伙子身上，提示牌写着：Banco Gallego 银行存款利率 10%。

  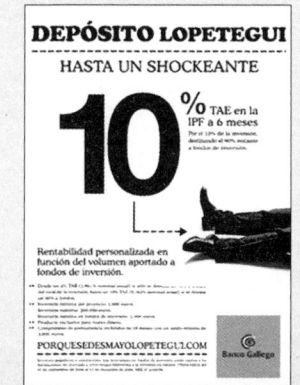

署名的线上及线下广告作品继续报道这一新闻，阐述该储蓄产品的收益，引起了广泛的公众关注。

6.

塑造及推广品牌的
传统方法和创新方法

How to build a brand and get response – the old way and the new

迄今为止，我们分析的多数广告作品，其创意简报都源自最真实的日常生活。

接下来，你将看到如何在最不利的创意条件下获得最丰硕的创意成果。再一次地，你将看到：问题/解决机理是如何有助于你构想出最有效的销售主张的；无论媒介形式为何种，"恰切截断"的手法都足以确保你的广告作品引起注意并收到实效。

本章我将给大家讲解两个更"大"的多媒体广告作品。第一个作品从开始创意到最终出炉耗时数月，另一个则耗时五年多。

品牌响应：我们的成功秘诀也可以是你的

我将要讲解的两个案例都属于品牌响应（brand response）的范例。你也许还记得我在本书刚一开始时就提到过品牌响应及其对于我和我的搭档——蒂姆与马丁——共同创建的广告公司的重要性。

品牌响应是我们获得初期成功的秘诀。此前，这两个搭档就曾分别找过广告公司来做树立品牌形象的宣传工作，以及找直复营销策划公司来促进销售，保持消费者数量。

到底是什么因素在起作用，很多广告公司自身也并不清楚。而大多数直复营销策划公司则对品牌一无所知。很多时候，他们的作品所传达的信息竟与广告活动的初衷相抵触，甚至产生了损害品牌的作用。

我们的广告公司明白，所有营销活动都应从品牌理念（brand idea）出发，所有的营销传播都应有助于更新或强化品牌理念，并引起受众的品牌响应。毋庸置疑，这正是广告客户所"喜闻乐见"的。

希望你能够明白我举第一个例子的原因。它对如何主要通过

> **Note**
>
> 所有的营销传播都应有助于更新或强化品牌理念，并引起受众的品牌响应。

纸媒广告重新定位（reposition）客户品牌、增进品牌资产并引起受众的品牌响应做出了阐释。

如你所见，现在很少有哪个报刊广告或海报广告能够产生长期且明显的实际效果，因而这一纸媒广告案例分析大概是不无裨益的。

第二则案例将带领大家认识（很多人眼中的）未来的品牌建设与品牌营销。你将看到如何利用 Web 2.0 技术来挖掘营销潜力，以及如何通过"恰切截断"的手法来实现这一点。

概略到此为止，更多内容之后还会详述。现在我们开始品牌响应的第一课。

这是为 M&G 投资公司而创作的。不要因为这是金融行业的广告就感到厌烦，你之前看过的洛佩特吉广告，就是马德里沙克尔顿广告公司为西班牙 Banco Gallego 银行创作的优秀作品。

在过去五年多的时间里，我们为 M&G 投资公司所做的创意为我们所获得的奖项要比我们为任何其他客户做的都多。更确切地说，我敢肯定这是唯一曾经同时获得客户策划集团创意策划奖（APG Creative Planning Award）（主要与广告策略有关）和直复营销研究所商业成就奖（Institute of Direct Marketing Business Performance Award）（主要与直接响应有关）两个奖项的广告。

你如果想了解更多背景与广告产生的效果，正如我在下列案例研究中所做的一样，请参阅以上两家机构的公开报告。

客户
M&G 投资公司

创意简报

2001 年，M&G 投资公司的品牌关注度开始下降，其基金业务景况惨淡，其广告活动也日益无法引起受众的品牌响应。2001 年，M&G 投资公司的营销开支增加了 48%，而其自发品牌认知度（spontaneous awareness）还是下降了 9%。在此背景下，M&G 投资公司找到了我们，要求我们重新定位他们的品牌，以遏制其下滑趋势。

在我们看来，他们没有清晰的品牌理念，因此，我们的首要任务就是重新设计其品牌主张（brand proposition）。与任何销售主张一样，品牌主张的主旨仍然在于：「我们能为客户解决什么问题？」

客　户

2001 年，金融市场的客户惶恐不安。即使是最景气的时候，投资者也对金融市场心怀疑虑，但 2001 年则完全可以称得上是"最糟糕"的一年。股市跌至新的低点。安然公司破产、安达信会计师事务所倒闭、英国公平人寿保险（Equitable Life）因养老金保单销售不当的丑闻而遭重创，这些事件在金融市场引起了自该年 9 月 11 日纽约双子塔遭恐怖袭击以后最为严重的恐慌与不安。

研究表明，金融产品的客户非常希望品牌能够主动地平息他们内心的恐慌——通过透露公开且详细的投资市场及产品相关信息。我们自问："是否有哪一个竞争对手正在这样做？"

竞争对手

回答是：没有。所有主要竞争对手都单单倚赖于品牌标识。比如，苏格兰寡妇投资公司（Scottish Widows）的"黑衣女人"、木星基金（Jupiter）的"大行星"、英国新星资产管理公司（New Star）的"爆炸星系"、澳大利亚恒久投资管理公司（Perpetual）的"山峰"、美国富达投资集团（Fidelity）的"火炬"等等。

这些主要竞争对手都仅仅依赖于品牌标识，没有任何一家向消费者提供了其所销售的金融产品信息，也没说明它们为何是理想的投资对象。

但是，M&G 投资公司能否趁势上位？

调　研

我们的调研结果是：可以。我们与 M&G 公司的工作人员沟通，与他们的客户和潜在客户沟通。最重要的是，我们还与销售投资产品的独立财务顾问（IFA）沟通。

通过这些沟通，我们了解到，尽管 M&G 投资公司目前的基金业绩不理想，但依然享有诚信、持久、坦诚的名声。

第 6 章 塑造及推广品牌的传统方法和创新方法

 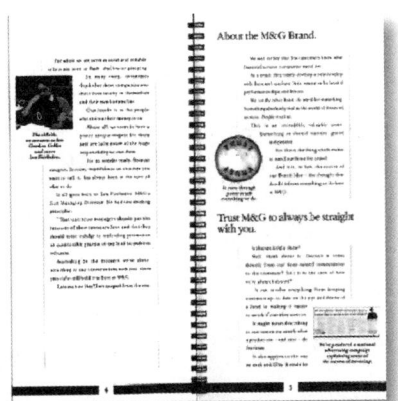 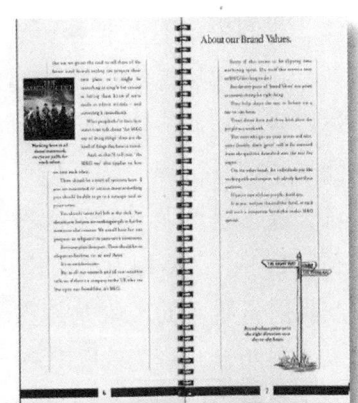

"M&G 品牌手册"向最重要的受众——M&G 投资公司职员——阐述此次广告活动的情况。

统而言之，在客户眼里，M&G 投资公司似乎"值得信赖"。在金融行业麻烦不断的时候，"被信赖"简直就是无价之宝。

品牌理念

因而，我们推广的品牌理念就是："看得见的投资真相。"

广告活动正式开始之前，我们先向最重要的受众——M&G 投资公司职员——阐述了这个理念。我们知道获得员工的理解和支持至关重要。因此，在广告宣传开始之前，我们向每一位 M&G 公司员工发放"M&G 品牌手册"——《我们的路》(*Our Way*)。该手册分析了当前的市场形势和客户动态，并向大家介绍了此次广告活动准备推出的新品牌理念及其背后的品牌价值观。

对于这些内容，M&G 公司的员工表示完全赞同。他们认为这准确反映出了他们对待客户的方式。但是，"客户"到底是哪些人？

目标受众

我们的目标受众最后被确定为资产为 3 万英镑~20 万英镑和年收入超过 3 万英镑的人，但这个"富裕人群"中的很大一部分年龄在 45 岁以下——这些人往往不具备投资意愿。例如，他们的可支配收入中，很大一部分必须用于偿还抵押贷款以及抚养孩童。

最后，我们确定 M&G 投资公司的最佳潜在客户是已经偿清了抵押贷款的空巢中年人。我们了解到，英国 80%的可支配收入掌握在这些 50 岁以上的"富裕银发族"手中。我们还了解到，大多数广告公司都习惯性地忽视这一群体。我们决定不再重蹈覆辙。

在本书第 5 章的开头部分，我提到过广告公司和广告客户如何让潜在客户面临"信息饥渴"的处境。就本案例而言，这个错误尤其犯不起——我们了解到，对于"富裕银发族"来讲，（金融）产品信息匮乏的现象尤其突出。

很明显，这类人尤其无法主动投资。

并且，说到投资，谁又能责怪人们太过谨慎？与三四十岁的人不同，这个年纪的人没有多少时间去挽回不良投资造成的损失。他们只有一次机会确保未来境况无虞。

调研结果也表明，对于投资，"富裕银发族"情愿自主研究、自主决策。也即，他们更偏爱翔实的广告文案（及产品信息说明）。

因此，我们的广告文案不厌其烦地阐述了以下问题：

- 投资的最佳时机是什么时候？
- 如何在动荡的市场环境中保护你的投资？
- 个人储蓄账户（ISA）是什么？
- 什么时候可以投资债券？
- 什么是"基金中的基金"（Fund of funds）？
- 退休之后如何获得收入？

媒介选择

在这个（当然还有其他）行业，已经多年没有人做过长篇广告文案了——因此，这种做法本身就是"截断性的"。媒介选择也是如此，我们做了其他投资公司都没有尝试过的事情：在《泰晤士报》《每日邮报》和《每日电讯报》等报纸的主版面而非个人财经板块刊发整版的品牌响应广告。

我们还做了其他一些与众不同的事

面向火车站和地铁里的大量被动受众，张贴"长篇大论"的海报文案。

第 6 章　塑造及推广品牌的传统方法和创新方法　129

这是打头阵的广告。当时伦敦金融时报 100 指数（FTSE 100）正位于 20 年来的最低点——3200 点左右。甫一发布，BBC 即电话邀请 M&G 公司销售总监参加《晚间新闻》节目，详细介绍公司的看法。

情。我们发布长文案露天广告牌。没错，文案多达 800 个词，还内含（消费者）响应性元素。但我们的"花招"在于：将这些"长篇大论"的广告牌发布在地铁和火车站——那里的被动受众摩肩接踵、川流不息。

激发品牌响应的报刊与海报

"截断性"的不仅是"长篇大论"的广告文案和整版的、版位既定的媒介策略，文案标题也是如此。例如，我们推出了这样的文案标题："我们认为，现在是前所未有的投资股市的时机。"海报贴出去仅仅 3 个小时之后，M&G 投资公司就接到了 BBC 的电话，邀请销售总监参加《晚间新闻》（*Newsnight*）节目——毋宁说是将他的军，请他详细讲解我们为什么要在行情惨淡的时候打出如此乐观的广告标题。

这真是天赐良机：M&G 投资公司的目标受众正是收看 BBC《晚间新闻》节目的人。这就为 M&G 投资公司提供了一次免费宣传的机会——不但可信度高，还省下了几十万英镑的宣传费。

腔　调

我们的广告受到了目标受众的赞许。许多人写信给我们，表示他们非常非常感激 M&G 公司所提供的信息。

他们也很喜欢广告文案的文字风格，

它通俗易懂，就像我们正与读者面谈一般。我们当然不会忽略了潜在客户——主要是 50 岁以上的英国中产阶级。

在一则广告中，我们呼吁"来一杯卡布其诺吧"。但这恐怕不太容易被这类人群接受，因为他们这个年纪的人不大去星巴克（Starbucks）。我们把"一杯卡布其诺"改为"一杯咖啡"，他们就更乐意接受。

广告外观

我们的目标受众非常喜欢这些文案，事实上，这些铺满整个版面的文字都是精心雕琢过的设计性元素，几乎成为了 M&G 投资公司的标识。久而久之，就像木星基金的"大行星"和苏格兰寡妇投资公司的"黑衣女人"一样，这些文字也能让受众一瞥之下就知道这是属于哪家公司的。更重要的是，密密麻麻的文案风格向受众传达了这样的信息：M&G 投资公司行业经验丰富，并愿意随时与大家分享其财经信息。这不仅与其品牌定位完全一致，还有强化的作用。

受众对文案的版式设计也青睐有加。我们特地选择了或许有人觉得过时的有衬线字体——标题用 Fournier 字体、正文用 Mrs Eaves 字体，因为这种字体外形柔和，便于视力不佳的年长读者阅读。我们还用小标题将广告文案分成若干小段。这些做法都是为了快速传达广

第 6 章 塑造及推广品牌的传统方法和创新方法 131

 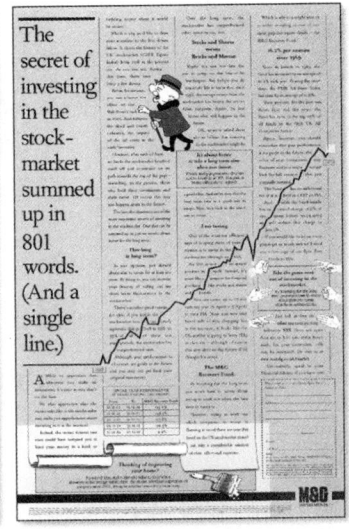 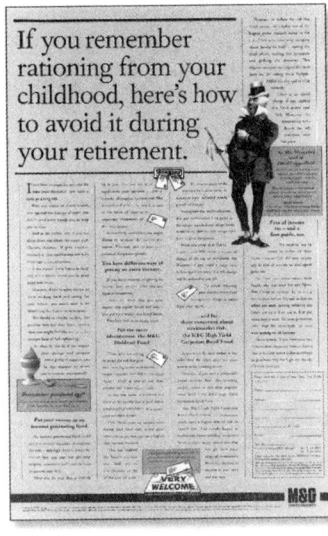

连续 5 年，M&G 投资公司的广告一直在给投资市场和金融产品祛魅，

  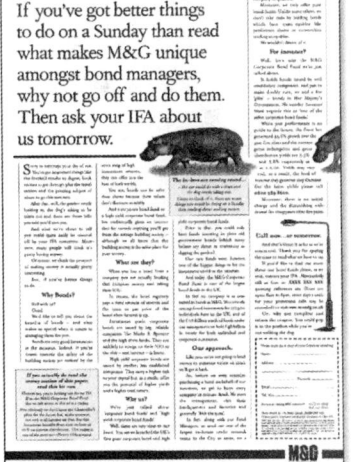

解决 50 岁以上的受众的投资信息饥渴问题。

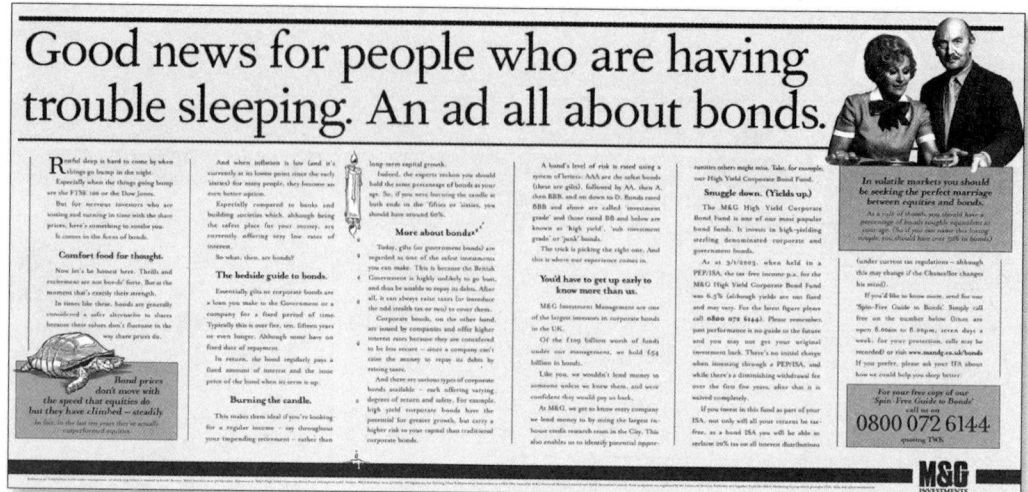

我们经常问自己这样一个关键问题:"是什么让我们的客户夜不能寐?"并在广告中提出解决方案。

告信息,便于读者领会。

　　为了让受众喜欢我们的广告文案,我们还精心设计了插图。这些插图都是二三十年前的演员、电视名流以及运动员的照片或带有解说文字的图片。我们之所以精心选用这些插图,是因为我们想让目标受众——只有他们可以——认出这些名人。实际上,我们是在告诉受众:"这是专门为您做的广告。"

　　当然,达到这种效果的最好方式还是设法激起目标受众的兴趣以及——再重复一次——"问题/解决"机理。

　　每一次广告活动的目的都是双重的。本次广告活动的战略性目标就是要调整并加强 M&G 投资公司的品牌理念:"看得见的投资真相。"因而,必须解答潜在客户对投资市场以及投资产品的一般性困惑,每一则广告文案都应传达出"M&G 投资公司提供的投资信息值得信赖"的信号。每一则广告文案或每一次广告活动还有另一种策略性目标:找到并解决潜在客户当前的深层烦恼。为此,我们经常与 M&G 公司的首席执行官和负责销售及营销的主管们会面,讨论以下问题:"是什么让我们的客户和潜在客户夜不能寐?"如上图所示,我们的一个文案标题正是:"夜不能寐者的福音……"

产品广告更加直白,但依然保持了循循善诱、信息丰富的风格。

激发品牌响应的产品广告

报刊与海报上刊登的品牌响应广告探讨了困扰潜在客户的问题,然后向他们推介一种可能有助于问题解决的投资工具以及M&G公司的产品。

我们的产品广告更直白,说服难度也更大。产品广告的目标受众是那些主动寻找投资产品的人,因而刊发于报纸的个人财经板块上。

然而,在"与品牌理念一致"原则的要求下,这些产品广告对产品及其优势做出了清晰的阐述。我们的这种做法不同寻常,因为大多数竞争对手只是简单地突出展示过去的成绩,并希冀借此引起潜在客户的注意。

激发品牌响应的独立财务顾问专栏广告

当然,我们的专栏广告同样也是以品牌理念——"看得见的投资真相"为出发点,而且同样以权威的语气对独立财务顾问说话。

我们同样敢于提出自己的见解,并予以清晰的阐释。有时候甚至对当下的主流观点提出质疑。

但我们也明白,独立财务顾问不大可能会逐字逐句地阅读长篇文案。因此,

专栏广告的语气语调同样要充满权威感。

我们将文案按照关键卖点进行分割,使之一目了然,以方便独立顾问借此与客户讨论 M&G 公司的产品。

当然,我们的广告媒介并不限于报刊和海报。为了扩大影响力,我们配合运用了电子邮件、直邮、插/夹页及广播等广告媒介。我们还在相关消费者杂志上开展推广活动,产生了很大的交叉销售和上游销售作用。并且,为了最大化广告效果,我们还制作了大量的《简明 M&G 产品手册》(*Spin-Free Guides*),以通俗易懂的语言介绍 M&G 的产品。你可能已经料到了,事实上,我们所做的一切都是深思熟虑的结果,腔调也完全是 M&G 风格的。

广告效果

此次重新定位广告活动的直接效果是,当年前 6 个月(其中包括个人储蓄账户销售的主要时期,即 1—4 月)中,客户对品牌的响应总量上升了 32.5%,而媒体开支却下降了 31.7%。最终,客户均次咨询成本下降了 53.9%。

1—4 月,个人储蓄账户销售的关键月份当中,M&G 公司的总销售额增长了 15.3%,个人储蓄总量增长了 19%

（其中，互联网渠道的"银发网民"销售额增长了 38%）。这就意味着，获得一位新增客户的总成本之于销售额的百分比降低了 35%。

截至 4 月底，M&G 公司的市场份额上升了 14.3%，个人储蓄账户与个人股权计划（PEPs）的市场份额增加了 24.8%。

以上所有这些成绩都是在市场急剧萎缩的情况下实现的。当时，整个行业的对客户直接销售额下降了 30%，通过独立财务顾问实现的销售额下降幅度也大致相同。在这一时期，其他投资公司的客户都涌向银行，提取存款，客户赎回率上升了 25%~30%，而 M&G 投资公司的客户始终信心饱满——事实上，M&G 公司这段时期的客户赎回率反而下降了 19%。

这就是持续了 12 个月的客户响应广告活动所达到的效果。每一次开展客户广告活动，都能产生强劲的反响。除了热烈的客户响应之外，这次广告活动对于品牌又造成了怎样的影响？

为了评估此次广告活动的长远效果，我们来看看这一广告活动进行 4 年之后的一次研究：

在一次品牌追踪研究中，按照以下各项衡量标准，M&G 公司的表现无不优于其他所有竞争对手：

- "值得信赖的公司。"
- "信用记录有据可查。"
- "适于掌管大宗资产。"
- "产品及投资样式丰富。"
- "强大、持久的品牌形象。"

这些效果证明了品牌响应的效力。并且，坦诚地说，M&G 品牌的重新定位、大家刚刚看到的持续刊播长达五年的广告作品的制作与我在上一章所讲的针对较小的策略性广告作品的销售主张的产生在方法和过程方面大同小异。

要点不外以下三个：（1）确认潜在客户所面临的问题——发想营销创意；（2）广告客户的产品或服务所提供的解决方案；及其（3）广告创意表现——营销创意的"恰切截断"式戏剧演绎。

关于印刷媒体的品牌重新定位、建设以及客户响应广告活动就说这么多。下面来看媒介组合（media mix）环境下的数字媒体情形。

这就是品牌响应的未来？

我以及许多比我更敏锐的人都有以下看法：当下，最有趣的作品都是以一种讲故事的形式呈现的。最妥当的方式是，以面向消费者的"问题/解决"式销售主张开始，然后以一种名副其实的"片段式叙事"手法加以戏剧化演绎。

听上去可能不无夸张，但基本上这不过是你的通常所见：有人在网上发布了一段视频，潜在消费者看到了且颇感兴趣并开始搜寻续集，顺藤摸瓜至视频博客，观看网络广播，订阅播客，之后转发给朋友、登录网站、亲身参与到故事情节当中（发布自己的视频），终而认同了这一品牌及其产品。

与所有其他媒体形式的广告活动不同，数字媒体中的广告活动自始自终处在潜在消费者的眼皮子底下。如果方式得当（我不确定至此是否已经做到了），潜在消费者实际上有机会决定广告创意的塑造过程以及最终方向。这就赋予了数字广告某种即时性和真实性，不同于大家从前看到的任何电视、广播、报刊广告、海报或者直复营销活动。

事实却并不完全如此。下面，我向大家介绍一位很久以前就对这些事情洞若观火的人。

四十年前的先知

这个人我在之前就提到过，他就是霍华德·勒克·戈西奇。在《戈西奇之书》一书中，他谈到了自己撰写广告文案的方式：

> 我们一次只做一个案子，真的是一次一个，这就是我们的工作方式。一个案子做完之后，我们会等着看效果怎样；然后才去做另一个案子。噢，有时候我们也会急功近利，同时做三个案子。但做三个案子的时候，第三个推出之前我们通常会不得不做些调整。那是因为，当你推出了一次广告

克里斯潘·波特+博格斯基广告公司的阿莱克斯·博格斯基是戈西奇式"对谈传播"方式的崇拜者。

活动并引起了反响、吸引了受众参与之后,你就会发现之后的广告作品就自然而然地随之发生了些许变化。这就像是在同他人谈话:你说几句,对方说几句;你会认真倾听对方,然后做出相应的反应——除非你是个呆瓜。

如果你还没有看过戈西奇的这部作品,那么现在就可以把我这本书放下,去谷歌或 eBay 搜索一下《戈西奇之书》,买回来,好好读一读其中的"调动受众参与"相关内容,看看他为比利时菲纳石油公司(Fina Petrol)、鹰牌衬衫(Eagle Shirts)、澳大利亚快达航空公司(Qantas)以及兰尼埃啤酒(Rainier Ale)所做的广告。然后……顶礼膜拜吧。

最受景仰的广告公司的灵感源泉

那是世界上最受景仰的广告公司的艺术总监的作品。下面是克里斯潘·波特+博格斯基广告公司的阿莱克斯·博格斯基接受《新媒体时代》(New Media Age)的采访时所说的话:

我心中的头号偶像就是霍华德·戈西奇,20世纪50—60年代间他曾在旧金山从事广告业。即使小如优惠券的方块之地,他也能同消费者展开对话——在我看来,那正是你寻求任何新技术的目的。你想要的是一个与消费者进行更深入对话的场所,并且交谈的时候不用太多考虑彼此关系、谈话内容及其结果之外的事情——费用、时间等方面的限制。如果戈西奇活到了现在,他一定会对网络感到抓狂。

你如果想知道阿莱克斯对"戈西奇的方式"有多认同，那就找来克里斯潘·波特＋博格斯基广告公司为"零度"可乐做的那个著名广告来看看。

每一位节食的人都知道自己应当喝低糖饮料，但他们也知道低糖饮料的口感不太好。这就是他们面临的问题。那么解决方案呢？我们就来看看克里斯潘·波特＋博格斯基广告公司是如何着手消除公众的疑虑，让他们相信"零度"可乐的口味实际上与平常的可乐是没有差别的。

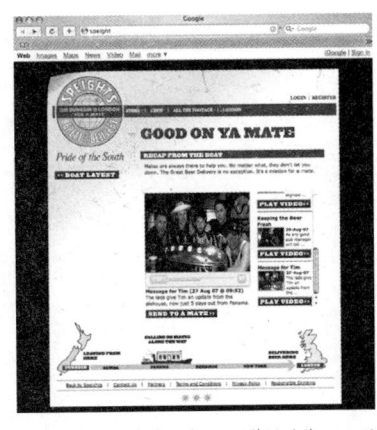

在线博客直播随时跟进1.2万英里（约1.93万公里）的海上航程，单日浏览量高达1千人次。

这一戏剧性广告故事的演绎以可口可乐公司市场部门的两位"高层人员"拜访几名律师开始。他们想知道自己能否以"口味侵权"起诉零度可乐部门。他们起诉自己公司的这场闹剧被偷拍，之后在线上、线下广为传播。再之后，又出现在报刊广告和海报、病毒式视频、多媒体横幅广告以及带有起诉你的朋友"口味侵权"的方便工具的网站上。

你可以想象到，谣言传得沸沸扬扬。最后，终于风平浪静了，其结果是，曾经疑虑重重的公众现在知道："零度"可乐的口味与"真正的可乐"几无二致。故事讲完了，信息传达到位了，问题也随之解决。

从新西兰向伦敦运去一个酒吧很好地运用了"截断"手法

另一个绝佳实例是新西兰奥克兰阳狮广告公司的作品。他们撰写的创意简报打算为斯佩特啤酒（Speight's beer）——一个典型的新西兰传统品牌——增添一些现代气息与活力，同时强化该品牌的核心价值观——兄弟情谊与忠诚。

喔，很明显，是一位移居英格兰的新西兰人给斯佩特酒厂写信了。他不一定是思乡，仅仅是想喝这种啤酒。因此，他想知道，斯佩特酒厂能否给他邮寄一箱他最喜爱的新西兰啤酒？

斯佩特酒厂所做的不止于此，他们花掉了酒厂全部的年度营销预算，为这位年轻人建了一个斯佩特啤酒屋，并将其运到远在1.2万英里（约1.93万公里）之外的伦敦——就为了让这个年轻人能在伦敦喝上一杯斯佩特啤酒！毫无疑问，这绝对是"截断性"的广告手法，而且这一手法与其品牌定位也极其"恰切"。

当然，此次远航需要一些水手：刊登在报纸上的招聘广告吸引了数千名应征者，引起了极大的社会反响。媒体全程跟踪这一创意过程，五名船员驾船穿越太平洋，通过巴拿马运河，途径纽约，最终到达英国。

黄金时段的电视节目、广播每周都会跟踪报道最新进展，网络博客直播，单日浏览量高达1000人次。当运输船航行至泰晤士河时，免费的公关报道的市场价值已经高达250万美元。与此同时，（在市场整体销售下降的情形下）公司销售额增长了6.5%。

对斯佩特啤酒来说，更加重要的或许是，该品牌在"啤酒爱好者"当中的市场份额增长了3%。这些"啤酒爱好者"都是些极有价值（以及消费欲望）的消费者，他们通常占一个啤酒品牌消费总量的75%。无论如何，斯佩特啤酒显然既强化了自身的品牌定位，又巩固了其新西兰第一啤酒品牌的市场地位。

客户
大众高尔夫

这是最后一则案例,也是我本人最喜欢的。原因很简单,其可证实的效果(销售增长)更明显。该广告是德国恒美广告公司的杰作,大众汽车的要求是:提高销售额,强化大众高尔夫汽车的"国民轿车"品牌定位。

当然,他们也可以在电视、海报、报刊、广播、网站横幅、(在线)中页广告以及直邮广告上花费数百万欧元,开展一些常规性的广告宣传活动。但他们的做法更为聪明。他们通过一个叫霍斯特·萨默尔(Horst Schlämmer)的人——一位非常讨人喜欢的普通德国人——展开故事,这个人是这次旨在重新焕发高尔夫汽车的平民形象的广告攻势的最佳主人公。

然而,在"萨默尔探索之旅"刚刚启动——萨默尔在网上发布视频博客,声称为了增强自己的异性吸引力,他决定学习开车——的时候,公众并不知道大众汽车公司参与其中。

他选中了自己的第一辆车——一辆宝马——但刚一上路就给撞坏了,就这样跌跌撞撞地开始了这次危机四伏而又极其有趣的冒险。几周之后,关注他的人越来越多。他的主要发布平台是他的个人视频博客,还有YouTube等视频分享网站。进入广告宣传活动的末期以后,又增加了一个纪录片网站。

整个推广活动仅剩几周时间的当口,大众汽车公司才公布自己就是此次活动的赞助商——那个时候,德国公众已经完全被这个活动迷住了。又过了三周,在霍斯特最后终于通过了驾证考试的时候,全德国人都欣喜不已。

仅仅两个月之内,网站页面浏览量高达427万次,视频下载次数高达473万次,成为全德国浏览次数最高的视频。除此之外,霍斯特还荣登iTunes播客排行榜首位,位列播客搜索排行榜第二。

这次广告活动开始之初——霍斯特·萨默尔的个人视频博客开播,没有说明品牌。

粉丝们在 YouTube 网站上追着看"萨默尔探索之旅"的系列视频。

数十万人登录了他的纪录片网站。

电视、报刊以及网络都对这条新闻进行了报道,吸引了更多的公众关注。

向潜在客户发送直邮广告,激发该人群的响应。

与此同时,大众汽车公司的官方网站上也开始了不一本正经的推销活动。

广告公司
德国柏林恒美广告(DDB, Berlin)

迄今为止，大众汽车公司最赚钱的一则广告

人们所看到的大多数视频中，霍斯特都开着一辆大众高尔夫。通过驾驶考试的大好日子里，他还是开着高尔夫，这再一次在公众心里烙下了高尔夫的"国民轿车"印象。最终，"萨默尔探索之旅"吸引了9万名潜在用户的响应，其中12%之前认同的是其他品牌，而现在转而支持大众。这一广告成为大众汽车辉煌的营销历史中最赚钱的一例。

简言之，这是一次广告活动在焕发品牌活力的同时激发（潜在）客户响应的极佳案例。

作为品牌响应这一概念推动者之一，眼见这次广告活动做得如此灵巧而有效，我确实感到欣喜无比。最近几年以来，我一直认为品牌响应这一广告概念的潜力仍然有待发掘。这一概念曾经盛行一时：有的广告公司声称，他们可以在一次广告活动中同时达成树立品牌和激发客户响应的双重目标。然而，真正有能力做到这一点的广告公司为数不多，并且，在"下一个大事件"到来之前，他们已经变得心猿意马了。

这"下一个大事件"指的是数字技术。现在看来，数字技术时代的到来非但没有使品牌响应成为明日黄花，反而可以说品牌响应的春天到来了。

有意思的是，最好的品牌响应广告作品大多是上述克里斯潘·波特+博格斯基、阳狮和德国恒美等传统广告公司做出来的。原因何在？很简单，因为这些广告公司始终清楚，广告传播必须植根于品牌。直复营销广告公司与数字媒体广告公司想要在这一点上赶上他们，他们就必须遵循同样的原则。

做到这一点并无多大困难，只需要做到以下三点：其一是有一个生发于"问题/解决"机理的品牌概念；其二是有一个"截断性"故事创意——以使之为人所注意，该故事创意还必须足够"恰切"以吸引人们跟进故事情节的向前；其三，如前所述，真正的窍门

还在于，接受戈西奇的建议，让潜在客户参与到故事情节当中来。

前文我所讲解的几个案例在第三点上做得或许并不足够，但迪赛服装（Diesel）的《海蒂族》（*The Heidis*）、福特汽车赞助的《琼斯一家在哪儿？》（*Where are the Joneses？*）等互动性网络视频的出现却使人为之振奋。

谁知道呢？在你读到这本书的时候，说不定已经出现了一些相关联的多平台品牌剧集——也就是纽约麦肯广告公司（McCann Erickson）的首席技术战略家法里斯·雅各布（Faris Jacob）所称"多媒体叙事"（transmedia narratives）。设若此种广告样式有助于品牌理念的戏剧化演绎或展示以及激起受众的品牌响应的话，它就正是我所期望的。我还期望其中之一出自你的手笔。

但即便真是这样，也并非万事大吉了。因为你的广告创意面前还有一个大障碍等你去克服。在公开刊布、引起潜在消费者的注意之前，你的广告作品首先必须获得客户的认可。因此，从创意部门出来以后，我们走进了广告客户的办公室：应该如何贩卖你的作品？

7.

如何贩卖创意作品

How to sell creative work

只要不是刚刚入行，你一定参加过这样一些内部会议：作品挂在墙上，每个人都满脸堆笑，心情愉快。客户服务人员信心满满，以为这样的作品一定可以达到客户的要求。策划人员也觉得作品能引起目标受众的共鸣。创意人员已经开始上网查找英国航空公司飞往戛纳航班的午餐时间安排。看来一切正常，这时，一位初级行政人员突然问道："这次谁去向客户提案？"

文案将目光从英国航空公司网站上移开，答道："好作品无庸赘述。"资深的客户经理心照不宣地略一颔首，"我们向来是用作品说话。"

这个时候，你不妨将作品从墙上取下，整齐地叠好，然后扔到垃圾箱。要是作品自己会说话，它肯定会说："你们这帮坐而论道的懒人。你们要是现在还没有想好如何说服客户，我就永无露脸之日了。"你知道，作品的这番"话"不无道理。以下将要详细解说。

不畏风摧，方才秀拔

得知创意工作已在进行当中，广告客户就会迫不及待地想知道会出来一个什么样的成果。现在，作品出来了，他们可能会花上5秒或者5个小时的时间琢磨一下——如果他们觉得这样做值当的话。很多时候，这取决于他们眼中的本行业其他广告作品是什么样的。

如果客户所在的是汽车行业，他们可能会幻想一辆汽车快速穿行在法国里维埃拉（Riviera）蜿蜒崎岖、凶险异常的滨海高崖大道（Grande Corniche）上，倏忽钻入隧道。如果是金融行业，客户脑子里可能冒出这样的老套场景：手足无措、雪中送炭、绝处逢生。

或者，广告客户还有可能将市场领跑者的广告当作标杆，以为只要他们也推出了类似的广告，就有机会"扳倒"既有的市场领跑者。

无论如何，客户的想法必定是中规中矩的。他们还期望你做出一个"和别家一样"的作品。这样能出来引人瞩目的作品才怪！一句谚语是：林中之木，不畏风摧，方才秀拔。

事实上，正如我们在之前两章所看到的，大多数最引人瞩目、最有效果的广告作品（从 AA 公司的"搭车牌"到可口可乐公司的"自我起诉"）都是不走寻常路的结果。面对你那不拘常法的作品，客户可能呆若木鸡，可能大惊失色，也可能惶恐不安。客户受惊的结果可能是你很沮丧：如果你未能在提案过程中向客户展开强大攻势，他们就不会买你的账。

如何展现好的销售技巧

销售想要成功，有良好的客户关系固然不错。但必须注意建立、维护良好客户关系的基础。通常的做法是，参透客户公司的运营态势，但这主要还是一种生存性客户关系策略。这往往会使你"反主为客"，变成了面对广告公司的广告客户的业务代表，而非面向广告客户的广告公司的业务代表。如果你变成了广告客户的代言人，你就不可能说服客户接受任何哪怕只是稍稍有悖常轨的优秀作品——"作为客户"的你必定会始终不忘提醒自己"万事小心为上"。

或者，你的社交技能也有助于维护客户关系。确实，小恩小惠、插科打诨都可以润滑客户关系。但客户不是傻瓜，一旦认识到自己要为这一团和气买单，他们会转身就走——你该明白：如果客户的目的是结交新朋友，他们会去一家婚介所而非广告或营销机构。

实现销售（以及建立良好的客户关系）的最好办法就是赢得对方的尊重——让对方明白，你比他们更懂行、更专业。

好？坏？仅仅是个人看法吗

赢得客户的尊重至为关键：早晚有一天，你会要向他们提案一个使其"受惊不已"的作品。他们会默然不语，沉思片刻，然后告诉你：我们不打算采纳这个作品。

当然，你会尽力给他们讲解作品的过人之处。这时候，他们会回过身来对你说："是啊！但什么是'好'什么是'不好'是非常主观的。您觉得好，我也可以觉得不好。这完全是个人看法，是吧？"

是，他们说得很对，这就是个人看法问题。

但客户有必要知道：个人看法有两类。第一类是以作品创作的历史背景和商业背景为依据的个人看法。你的个人看法就应当是这样的。

第二类则完全是因人而异的个人偏好或偏见。广告客户的个人看法很有可能就是个人偏好或偏见。

首先谈谈客户在历史背景方面的知识匮乏。

你会请一个每天只吃麦当劳的人推荐一个好餐馆吗

很少有客户知道以往的作品中哪些是真正优秀的，而能够讲清楚优秀的创意作品具体在哪些方面胜过庸常作品的客户则少之又少。甚至还可能有那么一些客户根本不知道这类知识为什么很重要。如果你的客户刚好也存在这样的问题，你就可以向他们提出这样一个问题。

假设他们正要安排一次商务晚宴，想找一家合适的饭店的话，他们应该向谁征询意见？是一位从精致酒馆到米其林星级酒店都

Note

实现销售的最好办法就是赢得对方的尊重——让对方明白，你比他们更懂行、更专业。

吃遍了的美食家，还是一个偏好汉堡、只能对巨无霸与双层皇堡的相对优点评头品足的小年轻？

不幸的是，现实生活中，今天早上受人委托向你的邮箱里发送垃圾邮件的人正是那位快餐爱好者。你会发现，许多客户（以及大部分广告公司）都有这种无知者无畏的态度。英国布里斯托商学院市场营销学教授艾伦·塔普就曾说过："英国有很强的'反智文化'，认为拥有专业技能或通晓历史是不'酷'的。"

以上所讲的是客户"对历史背景不甚了了"，那对商业背景呢？

我们必须承认这么一个事实：如果你没有干上足够的年头，就不大可能对你所处的行当有一个扎实的理解。借用著名的克兰菲尔德管理学院市场营销学教授休·戴维森的话来说，"营销人员认为，如果在一个公司干了一年半之后还没有跳槽，那就是失败。这种弊病已经存在几十年了。"

假如他们只是在同一个行业——金融或者快速消费等等——频繁跳槽，而且专业技能也随之不断增长，那也没什么不好。但他们往往从一个行业跳到另一个行业，就像杰里米·布尔默尔的《牛上加牛》（*More Bull*）一书中虚构的新闻稿所打趣的那样："Anglo-Galvanized 公司宣布了克里夫·斯拉斯特（Clive Thrust）为新市场经理的任命。此人曾在苏格兰寡妇投资公司、宝路宠物食品（Pedigree Petfoods）、能多洁集团（Rentokill，核心业务是虫害防治）和布里斯托动物园担任同一职位。"

当然，也有人认为多从事几个行业有助于汲取不同行业的知识与经验。但这需要满足一个前提条件：对于产品、客户以及市场的深入理解。缺此前提——没有对若干行业都有深入理解，则无法做到总能慧眼识珠。

因此，咒骂客户有眼无珠毫无意义，你只能"替客户着想"：

他们这几年换工作换得令人眼花缭乱，时间越来越紧张，委托创作广告作品只不过是他们一大堆工作中的一个而已。

谢天谢地，他们终于承认了自己不是营销传播专家，这个时候，你一定要挺身而出。这就又要回到销售话题：最佳的销售方式就是让广告客户相信，他们完全可以仰仗他们不具备而你恰恰烂熟于胸的知识，而且你的见解并非是可有可无的，关键时刻甚至能够力挽狂澜。

为了成功地将你的作品贩卖出去，你必须掌握以下五方面的知识。

1. 营销传播知识

如果你的广告客户对历史背景知之甚少，你就应当说服他们，让他们觉得你可以信任。这意味着你必须掌握以下营销知识：

- 什么是独特销售主张？谁是这一概念的推广者？
- 第一个横幅网络广告是什么内容？出现在什么时候？广告主是谁？
- 是谁在20世纪60年代首次引入客户企划这一职位的？
- 直邮广告文案有何篇幅限制？
- 哪个可以作为"引爆点"的例子？
- 你如何定义情境广告？
- 在你眼中，最好的病毒式广告是哪一个？
- 什么是"分离测试"（A/B split）？
- 消费领域的帕累托定律是什么？
- 为什么Web 2.0和语义网（semantic web）应当是客户关系管理的引擎？

第一个横幅网络广告出现在不到16年之前，而知道它的业内人士却为数不多。

- 什么是许可营销？
- 创意的目的是什么？
- 《定位》（*Positioning*）的作者是谁？
- 《柠檬》（*Lemon*）是指？

如果你对以上任何一个问题都无法作答或发表意见，你的客户就有可能趁机驳斥你的见解。万一如此，我建议你再读一遍这本书，本书可以回答一半以上的大问题，还要读一读我在本书第 1 章末尾处提到的那几本书。我之前已经说过，读完这些书，你可算是行业内的有识之士了。

如果你能够回答其中若干问题，不妨向你的客户尽力"卖弄"。你可以把客户请来你的公司，喝上一两杯，向他们简要地介绍一下广告的行业历史。就当是一次思维演练，为自己打气。

加强攻势，直到你们对作品的理解达成一致

更好的做法是，邀请客户参加"好与不好"点评会，鼓励他们点评作品好与不好。你们可以一起条分缕析，同时向他们讲解如何才能促成一次广告活动的成功。

这时你会发现，这些东西甚至对你客户中最有资历的人来说也是闻所未闻的。所以应当趁着召开点评会的机会分享你的见解，不要等到提案会议的时候再说，那个时候可能已经晚了。有一次，我向一位市场经理贩卖一个平面媒体广告，当时她直直地盯着作品，一脸不自在的神色。当我要求她跟大家说说有什么不妥的时候，她说："是标题，我无法将我的眼睛从这标题上移开。"她竟然没有因为标题"太"过抓人而否掉整个广告，不可思议。

你可以借"题"发挥，利用客户中意的作品来阐述自己的观点。不好的作品一般都有意旨模糊、鲜有亮点的缺点，而好的作品必定对"问题 / 解决"做出了清晰有力的戏剧化演绎。

不妨恭维他们眼光毒辣，然后运用好案例，向他们说明以下几个方面的重要性：

- 创意简报
- 对"问题/解决"的关注
- 专一的销售主张
- 对消费者利益进行戏剧化演绎的创意理念的力量
- 充足的时间——用以融合以上各个方面，做出好作品

让他们明白，只有做到了以上各点，才可能出来优秀、有效的作品。在你们没有就围绕以上诸要点开展创意工作达成一致之前，绝不要让他们离开。

为期半天的"闭门会议"——主场作战——的成果会随着时间的推移而消退。因此，你应当维持攻势，不断地向客户展示你的知识与热忱，直到客户心服口服。与客户同乘一辆出租车的时候，询问他们喜欢目下的哪些电视广告，并以此为切入点，加强他们对于"最佳实践"的理解；同他们共进午餐的时候，就行业刊物上的某个当前议题阐述自己的观点；同客户一起等待开始会议的时候，简单聊一聊你最近一段时间看到的出色网站，说明这个网站为什么令你印象深刻，并请对方也谈谈看法；你觉得有用的网页文章、广告、邮件、网址和博客，都可以搜集起来，电邮给你的客户。一言以蔽之，你要让客户确信：你对自己的行当有着专业且透彻的理解。

出庭的时候，你会请一位即兴辩护律师吗

你可能会怀疑：如此费心尽力，真有必要吗？假设你要上庭受审，需要请一位辩护律师。一位律师的做法是，事先不对你的案件做细致的研究工作，并引证先前的判例，而是磕磕巴巴地在庭上"慷慨陈词"，希冀以个人"魅力"打动陪审团，然后指着

坐在被告席上的你说："不知为什么，在我看来，被告显然是清白的。您觉得呢？"你会聘请这位律师吗？我深表怀疑。因此，你必须做一个知识渊博的广告作品鼓吹者。向顾客表明，你在自己的行业中浸淫颇深，然后运用你的知识驳回任何可能的指摘，打消客户的任何疑虑。

你要知道，很少有比"事实证明……""这让我想起了……那个成功的病毒式广告""我们很了解这个广告，因为……""正如……在他的博客（或书）中所指出的……""研究表明，……"等提法更有说服力的了。

是的，创意作品的优劣判定是一件十分主观的事情。但如果你能让客户相信，你的见解是有着扎实的依据的，还能利用这些知识去支撑自己的论点，你就更有可能打动他们。

营销传播知识只是一个方面。相关商业背景知识你又了解多少？

2. 对客户及其竞争对手业务的了解

正如我们所看到的，由于客户所处行业是多种多样的，在项目合作期间（大概18个月），你必须成为客户的企业记忆库（corporate memory）。我的建议是，如有可能，你应该起草一个"品牌手册"（brand book），对客户的品牌理念以及品牌价值观进行阐释。你还需要清楚阐释主要竞争对手的品牌定位手段，并为你的阐释建立一个论证性质的竞争对手广告档案。同样，你还应该将你以前的所有创意作品搜集起来，同时还要建立一个"品牌健康卡"，向客户的市场主管说明哪些工作有效、哪些无效，原因分别是什么。

向客户贩卖广告创意的时候，你完全可以将这些资料充分利用起来。如果客户说不喜欢广告中的动画元素，或许你可以举证：他们三年前的一个动画广告就获得了巨大的成功。

如果他们认为作品太过张扬，你可以让他们知道，竞争对手

> **Note**
>
> 向顾客表明，你在自己的行业中浸淫颇深，然后运用你的知识去驳回任何可能的指摘，打消客户的任何疑虑。

> **Note**
>
> 一切的一切，都是为了激起客户的信心、赢得客户的信任和尊重。如果你没有掌握这些知识和材料，你的建议客户就听不进去。

当前正在刊播的广告比我们的作品要张扬两倍，但效果奇佳。

客户也有可能会对广告作品的影像风格不满意。这时候，你可以说，该风格与其品牌定位、品牌价值观完全一致。

再说一遍，一切的一切，都是为了激起客户的信心、赢得客户的信任和尊重。如果你没有掌握这些知识和材料，你的建议客户就听不进去。反过来，如果你的知识和见解给他们留下了深刻的印象，即使对你提案的作品存有疑虑，他们也会遵从意见和建议。

3. 你要说到的知识

至此，我已经讲了有助于你向广告客户贩卖作品的一般知识。接下来要讲的是贩卖过程当中的具体细节。

有一次，我在公司走廊上看到我们最优秀的客户经理手里拎着一个工艺包正往外走。我就问道："你这是要去哪儿？""向客户展示提案。"晃了晃手中的提袋，我们的客户经理说道。"做得很好。"我说，"但你什么时候开始销售？"

我始终认为：销售才是重中之重；要想成功，你必须精心准备、全力以赴。

前去参加重要提案的路上，经常有同事若无其事地窝在出租车后座一路闲扯，每每让我错愕不已。他们大概准备得比我充分，或许吧。但我总会利用这段时间再演练演练我的论证，再瞅一瞅作品。我建议，此时你也应当全神贯注于手头的工作。

准备工作做得充分与否，提案效果必然高下立分。事先想好了说什么，才有可能在提案会议上收放自如。很多人嫌麻烦，不愿提前准备。这些人张口就来，只希图听来"不无道理"就行。最终，却落得一个"求其中而得其下"的结果。

很少有人真正能够思考、讲话同步进行，因此，我建议你在提案开始之前就将要说的话写好。

无论是在洗澡时，在公车上，还是去工作的路上，独自演练

检查你记在纸上的论证文字：是否清楚明白、逻辑连贯？事先感知你的论证文字的听觉效果也很重要。因此，你必须杜绝以下情况：你第一次听见自己的这套贩卖说辞也是在提案会议召开之时。提案会议将要召开的当天早上，无论是洗漱之时，还是上班途中，要不停地练习以强化记忆。要大声地说出来。（不要担心旁人的异样眼神，他们会认为你正在接免提电话。）这有助于你掌握好演讲节奏：什么时候语速加快、什么时候语速放缓、什么时候停顿、哪里应该强调。

提案的时候，如果你看起来是在即席发言，他们就更能体会到你的诚意，也就更有可能被你打动和说服。我之前曾经说过，只有被你打动了，客户才会买你的账。

最终的贩卖说辞通常是团队合作的结果，鲜有例外，你要充分调动所有团队成员，共同演练。你可以邀请一些人当你的听众，他们应当足够敏锐、资深，并敢于在你露怯的时候不留情面地指出来；让他们看着表，帮你掌握时间进度。提案开始之前你就应知道这次会议将要持续多长时间，要为你的提案会议预留足够的提问时间。

无论是单枪匹马还是团队作战，自开始准备直至提案会议终了，有一个人你必须时刻记在心里。这个人不会参与到你们的预演当中来，他们甚至不知道自己将要参演你们的"节目"，但他们其实是当仁不让的主角。毫无疑问，这个人就是广告客户。

4. 有关创意简报的知识

本书第 4 章靠后部分，我曾经说过，提请广告客户"签署"创意简报"是整个创意简报撰写工作过程中最重要、却经常惨遭忽视的一环……这也是整个广告方案贩卖过程当中至关重要的环

节"。原因如下：

如果在创意简报的撰写阶段广告客户就参与其中，那就意味着，广告方案贩卖工作在正式进入贩卖阶段以前就开始了。

我说的是，让客户参与创意简报撰写。有时候，面对广告公司提交过来的创意简报，客户可能一眼不看，大笔一挥，签字同意，像是在一份轴承托运单上签字一样。广告公司只是将创意简报发送过去，对于其目标或内容甚至没有只言片语的阐释。或许，客户之所以"一眼不看、大笔一挥"，正是因为受了广告公司"单刀直入"之作风的影响。我不确定这位客服人员是疏懒还是无知。有可能是既疏懒又无知，我猜。

对于你，我的预设是，既勤快又懂行。因此，你应当与客户探讨并使之熟知以下重要事项：潜在消费者及其面临的问题、你的解决方案，以及将所有这些囊括在内的销售主张。事实上，你应当让客户感觉到，你与他们是"情投意合"的。

构思贩卖说辞的时候，你可以把创意简报放在面前。尽量多地参看其中的内容，尤其是那些你觉得对于正式提案会有帮助的要点与细节。

提案会议开始了。不要照本宣科，懒人才这样。提案刚一开场，就应将广告客户调动起来——使其参与其中。引用客户在创意简报的撰写过程中对你提出来的观点和见解。尽量使用客户自己的语言。提及他们的目标受众相关意见、你们对于"问题/解决"的讨论、共同探求最适宜的销售主张的努力以及作为创意简报撰写之基础的客户研究。将客户看作是整个提案过程的合作者。

必须确保他们毫无异议，尤其是对于销售主张。接下来就要向客户阐述你们用以演绎或展示销售主张的创意构思。但不能操之过急，要从容不迫，从长计议。

5. 你所贩卖的广告作品的知识

很多广告提案会议之所以失败，是因为广告公司丢掉了自己的最大优势——对于广告作品的理解。你应当利用这方面的知识，说服他们在真正看到作品之前的几分钟之内就认可你的作品。

假设客户的产品是电脑，而你带来的广告作品的主角是人物而非客户所钟情的产品。在客户开始观看广告作品之前，你就应该对他们指出：客户自己的研究已经表明，这一高科技品牌的最大问题就在于人情味不足。提请他们注意，赋予产品更多的人情味也是他们自己的意见。如此，当他们看到广告作品以人物做主角时，就不会感到突兀了。

又假设你带来的作品文案很长，在客户看到作品之前，你就应该引述客户自己的"目标受众极其渴求相关信息"的意见，以及他们之前对于"让自身品牌变成行业权威"是如何念念不忘。

如果广告作品的主角是商品群像（pack-shot），你就向客户反馈他们的意见：让消费者熟悉产品包装，让他们能够在超市货架上一眼认出。

任何问题都应——提出，并让客户不住点头称是。最后，客户"终于"看到了作品：这，就是不二之选！

条分缕析

序曲刚一终结，作品就以迅雷不及掩耳之势登场：向客户逐一讲解作品各元素。以下我选用的是报刊广告的案例，但其中的拆析适用播客、广播等所有广告类型。

首先是标题——为什么是这么个标题？接着是视觉效果——为什么是这么个样子？各个视觉元素是如何选择的？作品的构思是怎样的？作品各方面的元素是如何"协力"演绎或论证销售主张的？还要提请客户注意，广告作品不仅应当是"截断性"的，该种"截断性"还应当是"恰切"。

大声朗读文案的前两段，让客户感觉一下你的广告作品（的关键元素）如何能够发挥销售（说服）的作用。如果有小标题，也应大声读出，好让客户抓住广告文案的论证脉络。撰写创意简报的最大问题可能是如何让客户接受销售主张专一的做法。他们可是希望销售主张无所不包。因此，如果你将小标题一一读出来了，他们将会明白，你的文案已经囊括了所有的（消费者）购买依据。最后，大声宣读行动口号。同时向客户说明，广告文案将会如何呈现在受众面前，以及广告信息将如何有助于实现销售。

让客户相信，你与他们一样"唯利是图"

你已经看到了，"销售"与"销量"必须成为整套贩卖说辞当中的"口头禅"——这是客户的主要关切。一旦他们感觉你的关切与他们并不一致，他们就会毙掉你的作品。如果你所在的广告公司有着极佳的创意名声，这一点尤其重要。有些客户有可能会因此怀疑你的作品主题，认定你对商业并不感冒。你必须抓住一切机会——特别是提案会议——向客户澄清这一点，消除他们的疑虑。

创意总监与创意团队尤其应当注意这一点。客户对广告创意人员的一般印象是：衣着光鲜的业余艺术爱好者。你要向他们证明，你与他们一样精明强干、"唯利是图"。同他们讨论效果追踪，让他们知道，你的观点和他们一样：只有收到了实效的作品才是"好"作品。

带创意人员去参加提案大概是个不错的主意。假若他们没有办法与你一同前去，你一定要透彻地把握作品为何是这样的。这正是参加进度会议的意义所在——提出疑问，听取回答。会议结束之后，也要继续思考作品相关问题。一有任何疑虑，都应立即向创意团队求解。最重要的，或许是研究未能入选的其他方案，记住这些方案惨遭否决的原因。有时候，可能会出现客户要求"推倒重来"的情况。这个时候，你首先可以跟他们说，这是个不错

> **Note**
>
> "销售"与"销量"必须成为整套贩卖说辞当中的"口头禅"——这是客户的主要关切。一旦他们感觉你的关切与他们并不一致，他们就会毙掉你的作品。

的想法，然后，还要说明你的团队曾经如何仔细研究过这一方案，而之后又为什么没有采纳。

了解你的听众

提案会议开始之前，你应当提前知道所有将会参加的客户一方人员名单。不同职位的客户人员对广告作品的期待很有可能不一样。对此，你必须有所意识，并据此调整你的提案话语，尽力打动在场的每一位客户人员。

并且，必须确保对广告作品有最终签署权的人在场。

这至为关键。没错，得到了基层人员以及中层管理人员的认可已是不错的战果了，但为了最终成交的目的，最好还是与他们的老板面谈。如果情况不允许，你可以做以下两件事情——向客户强调，只要他们老板有时间，你愿意再做一次提案；如果这也不可行，那就向每位在座的客户人员分发一份书面形式的创意阐述，帮助他们向上级贩卖你的提案。

提案的时候，无论客户方的老板在还是不在，你都不能不顾其他客户方人员，只盯着在场的决策者。这很不礼貌，会冒犯那些与你有日常性工作接触的人。我过去的一个同事就经常这样做，轻慢了客户方的二把手。后来，当时的一把手离任，二把手接替，他在四个月之内就同我们解除了合作关系。

因此，提案的过程当中，要注意关照所有的客户人员，观察所有人的反应。你一旦说完，果断收尾。给客户留下足够的评估时间，然后仔细倾听他们的想法。

不能对客户的一切意见抱持反对立场。谨记詹姆斯·韦伯·扬所说的"五步创意流程"的最后一步："加以改造、完善，使之切实可用。"有时候，客户也有可能提出一些聪明的建议，这个时候要给予热情的赞扬。

客户提出了自己的建议，通常就表明他们已经接受了你的创

> **Note**
>
> 提案的时候，无论客户方的老板在还是不在，你都不能不顾其他客户方人员，只盯着在场的决策者。

意。当此之时，你应顺水推舟：趁势与客户商讨文案、设计与互动、拍摄、媒体等等。让他们想象一下作品出现在报纸、荧幕或邮件中的情形，以及潜在消费者将对其做何反应。

认真倾听客户说什么……甚至是没说什么

如果客户仍有疑虑，必须让他们清楚说明他们的疑虑是什么。正如乔恩·斯蒂尔在其杰出的《完美提案》（*Perfect Pitch*）一书中所说："极好的沟通者、说服者必定是极好的聆听者。"在搞清楚对方所反对的究竟是什么之前，不要急于辩驳。不能光听他们怎么说，还要注意察觉他们的内在情绪。他们的话可能听起来有理有据，但他们的说话态度可能暴露他们的犹疑。你必须敏锐捕捉到他们的犹疑，穷追不舍，直至掌握他们的全部真实想法。

如乔恩·斯蒂尔所说，优秀的销售人员首先必须是一位优秀的倾听者。

第 7 章　如何贩卖创意作品　161

当然，如果准备工作做得充分，你就可以提前预知所有可能的问题。事实上，在提案开始之前，你应当起草一份问题清单，列举你可能会遭遇到的八个最难回答的问题——及其提问人，并想好应对之策。

如果遇到了一个极难缠的问题，一时无法正面应答，最好谦逊地承认"我们没有考虑到这个问题，因而无法回答"，并承诺将尽快给予解答。你没有装模作样的搪塞，他们不会不领情。事实上，他们可能会喜欢上你的爽直，并对你产生好感。

你如果感觉其中一个客户还是没有被说服，你不能回避他，单与那些看来赞同你的人打成一片。如果你没有成功打消怀疑者的困惑就结束会议，当你不在的时候，这个人可能会把他的疑虑传播给你眼中的赞同者。因此，要重点关注这些人。尽力搞清楚他们心中的疑问，最重要的是，要让他们感觉你认真倾听了他们的想法。

迈耶·兰斯基是一位大师级的谈判专家，他还是 20 世纪最成功的美籍意大利裔商人查尔斯·卢卡尼亚（Charles Lucania）背后的财务智囊。兰斯基的谈判秘诀很简单，"始终不忘给其他人留一点儿。"这一建议之所以值得遵从，是因为有时候这是为你的整套销售说辞预留转圜余地的关键。但

正如这位绅士经常说到的："谈判当中，始终不忘给其他人留一点儿。"

要注意,你只能在文案、设计或排版方面等细节——而非整个的广告创意本身——对客户妥协。

以创意简报应万变

运气不好的话,你会发现客户拒绝的正是你的创意。万一出现这样的情况,这正是一份周详的创意简报——也就是之前客户签字同意的——派上用场的时候了。实际上,没有这样一份创意简报,你将陷入令自己左支右绌的臆测与诘责当中。

但是,有了一份周详的创意简报,你就可以将广告客户引回销售主张的话题,看看他们是否依然赞同。如果为否,那就把这个创意放回你的工艺包,将剩下的提案会议时间用来商讨新的销售主张。但是,你必须能够确保你的工艺包关得够干脆:"啪"一声。心里绝对不能存有任何移花接木的念头,新的创意简报必须完全是另起炉灶的结果。

如果情况与此相反,客户仍然认为这一销售主张是合适的,那就同他们从头开始讨论,看他们认为这个作品弱在哪里。你要提请他们注意,创意的唯一目的就是戏剧性地演绎或论证销售主张。运用你所掌握的历史与商业背景知识,向客户说明,你的作品为何既具有足够的"截断性",同时还是"恰切的",你要据理力争。你还应当适时引证他们自己的关切、研究和建议。一旦赢得了他们的认可,你应当立即表示感谢,并向他们保证,你们的推广方案是最佳的。

如果你的努力没有成功,那就赶紧离开。不要企求挽回,即使创意团队在场,也不要这么做。没有人会相信你能在须臾之间拿出一个新的创意作品,挣扎也无济于事,不然待你回到公司之后,你就会明白,你刚刚做了一件很快就会为之懊悔不已的事情。

最后,如果提案成功,回到公司之后记得要立刻去做一件事情:与创意人员会面,让他们知道事情的进展。

反之，如果提案失败，我倾向于一从提案现场出来就给创意总监打电话，告之详情。坏消息捂不成好消息。此外，向团队公布坏消息并做出解释，鼓励他们不畏失败、愈挫愈勇，正是创意总监的职责之一。

事实上，我一直认为，创意总监的职责就是"失望管理"。我眼中的理想创意总监就是"魅力超凡的悲观主义者"。本书最后一章将要探讨的是：如何做一名优秀的创意总监。为什么垂涎这个头衔的人如此多，而真正想做这一工作的人又如此少？

8.

如何管理创意部门

How to get the best from a creative department

上一章末尾处，我将创意总监的职责定义为"失望管理"。实际上，创意总监的工作比这还要艰难得多。本章将给出一些具体的建议。

有那么一两次，一群创意总监在一块儿聚会，我提出了我的上述看法。坦率地说，对于我的"过分要求"，有些人颇感惊骇。这时候，我就跟他们讲，"创意总监，归根结底是一份'工作'。"

尽管如此，我必须说，这仅是我的个人看法。许多比我出色的创意总监，还有那些所处环境与我不同的人肯定会有他们自己的不同见解。毕竟，在我的大部分职业生涯中，我掌控的都是"短小精悍"的创意部门（辖属8个创意小组）；而且，我管理的是自己的广告公司，因而享有很大程度的喜好自由。但这8个创意小组也是行业领域里获奖最多的团队，而我的公司也备受赞誉。有鉴于此，我的看法对于你大概是不无裨益的。

你的创意哲学是什么

我们先来探讨一下什么是好的创意哲学。

"我绝不让任何次品走出我的办公室。"这个如何？你想说什么？太过平淡？并不尽然——虽然有些胸无大志。其实，这句话可谓一语破的、直抵要害。创意总监的中心职责正在于严格把关每一个作品。

当然，你也可以效仿某些人的做法：寄希望于撰写一些炫耀才情的创意简报，年复一年地集中精力做出一大批大部分实际上只能打6分的"戛纳金狮奖作品"——自以为能打9分。这种"以量取胜"原则下的去芜存菁式做法无助于你树立优秀的名声。

更好的做法是，尽力提高每一件作品的质量。一开始就拔高标准、精益求精才是王道，只有这样，你才能做出让你引以为豪

"我绝不让任何次品走出我的办公室。"

的作品。

我想说的是,这很难,这需要拒绝妥协、拒绝"这个可以通过"、拒绝"睁一只眼闭一只眼"、拒绝"多一事不如少一事"、拒绝说"就这么凑合吧"。这还意味着要让全公司的人与你达成一致。

调动全公司而不仅仅是创意部门

你得使自己的影响力超出本部门之外。事实上,你应当像老板一样行事。我知道现在有很多高层创意人员都喜欢自称"创意伙伴",同时自认为与"管理合伙人"平起平坐。但绝大多数创意总监,我敢说,不过是上通下达的小角色。

一旦遇到开展新业务、处理既有客户、高层雇佣、加薪等等重要决策,他们就不得不唯总经理是瞻。公司每天都会有一大堆的纠纷需要解决,但人们不会去找他们,甚至压根儿就想不到他们的存在。

如果你认为自己作为一名创意总监并非是一个"上通下达"的小角色,不妨做做下面这个小测试:你知道总经理和首席执行官的年薪是多少吗?如果不知道,原因何在?你为什么容忍自己游离于主流之外?

我之前说过,我的优势在于自己就是老板。并且,更幸运的是,我的两位管理合伙人蒂姆·帕滕和马丁·特劳自始至终地恪尽职守,全身心地专注于如何做出更好的创意作品。

我希望你和我一样幸运。同时我要提醒你,不要太过迷恋管理工作而忽略了你的专长。事实上,为了维持你对于公司的整体性影响,你必须将本职工作——创意——做得有声有色。

成为本行业薪酬最高的"交通指挥员"

优秀的创意总监清楚每个创意团队的工作项目,以及他们当前分别处于创意进程当中的哪一个阶段。

听上去像是"交通指挥员"（traffic manager）？那就对了，这正是我在工作当中的角色——业内薪酬最高的"交通指挥员"。

我建议你也扮演一位"交通指挥员"的角色。从今天开始，每周五上午将所有的客户团队召集在一起，开一次"进程摸底会议"——创意总监不要坐在座位上，要站起来走向各个创意团队的客户经理，询问他们今后一个月内都会出来哪些创意简报。然后一一记下。

第一位客户经理有可能会说，一周之后要为一则短信（SMS）广告起草一份创意简报，还要做两条新的网站横幅广告以及一个网页链接广告，两周之后要做一个新的报刊广告，三周之后他们计划起草一份执行手册修订相关创意简报。约略记下，然后询问下一位客户经理。第一周，他们要出来一份广播广告创意简报，第二周他们希望能联合另一个团队来做一次线上、线下相结合的推广活动。记下，继续下一位。第三位客户经理仅仅是确认了上一周已经开始的网页重新设计相关简报。就这样，直到你记下了所有客户小组未来一个月内的工作安排。

如果你所在的是一家中等规模的广告公司，此类会议大概需要 30 分钟的时间。

会议过程中，可能会有人在别人讨论工作之时抱怨等待了太长的时间。有的客户经理可能会说，他们有比在这儿旁听创意部门开会更要紧的事。如果出现这样的情况，那就问他们，还有什么比客户付钱让广告公司去做的事情更重要？你要坚持让他们参加——人不到齐就不开始会议。

同样，有些客户经理也可能会说做这种会议就是浪费时间（同时也是薪水的浪费）。这时候，你应该跟他们说，他们犯了客户服务工作中的一个最大错误：孤岛思维（silo thinking）。他们做自己的业务时忽视了其他部门的同事，没有与他们分享自己的"问题/解决"相关见解。这种会议正是他们参加合议会、各抒己见

Note

优秀的创意总监清楚每个团队的工作项目，以及他们当前分别处于创意进程当中的哪一个阶段。

的机会。这也是每周一次的重要"镇民大会"（town meeting），大家可以借此商讨其他议题、提出问题、传播信息。

消化、吸收了这些议题、问题和新消息之后，对于下一个月将会"流入"创意部门的创意简报，创意总监就心中有数了。至此，他们只要找到可以胜任这一工作的具体创意人员就可以了。

在大多数广告公司中，由于某种原因，这种分配任务的工作都要由流程控制经理来做。怎么会这样？对于每个创意小组的能力，他们有多少了解？他们怎么知道谁更适合做IT广告、谁更适合做零售广告？团队奋战几周，完成了一个极其困难的项目后，他们怎么才能看出这个团队需要接一单相对轻松些的创意简报，以调剂一下？此外，他们怎么知道某一团队做某项工作需要多少时间？

只有创意总监才能做出此类决策。最重要的是，如果流程控制经理包办了任务分配工作，那创意总监就失去了其对广告作品的掌控。因为，如果创意总监未能一开始就参与到工作进程当中，他们就无法准确掌握各项工作的具体进展。

确保每个人都确知各自工作任务

创意总监将今后一个月要做的创意简报分发到各个创意小组之后，各小组应即刻将各自的工作任务记录在工作进度控制表中，然后张贴到公司各处。

这有助于随时提醒各个创意小组近期的确切工作任务及其期限。这对于客户服务人员也能起到提醒作用，让他们知道到什么时候为止创意简报应当撰写完毕，以及获得广告客户的签署。同样重要的是，该工作进度控制表还让客户服务人员清楚地知道哪些创意小组比较忙碌——在一个高效运转的创意部门内，应该是所有人。因此，即便突然接到一个紧急任务，某客服小组也无法撇开其他客服小组，径直将这个紧急创意简报"塞"

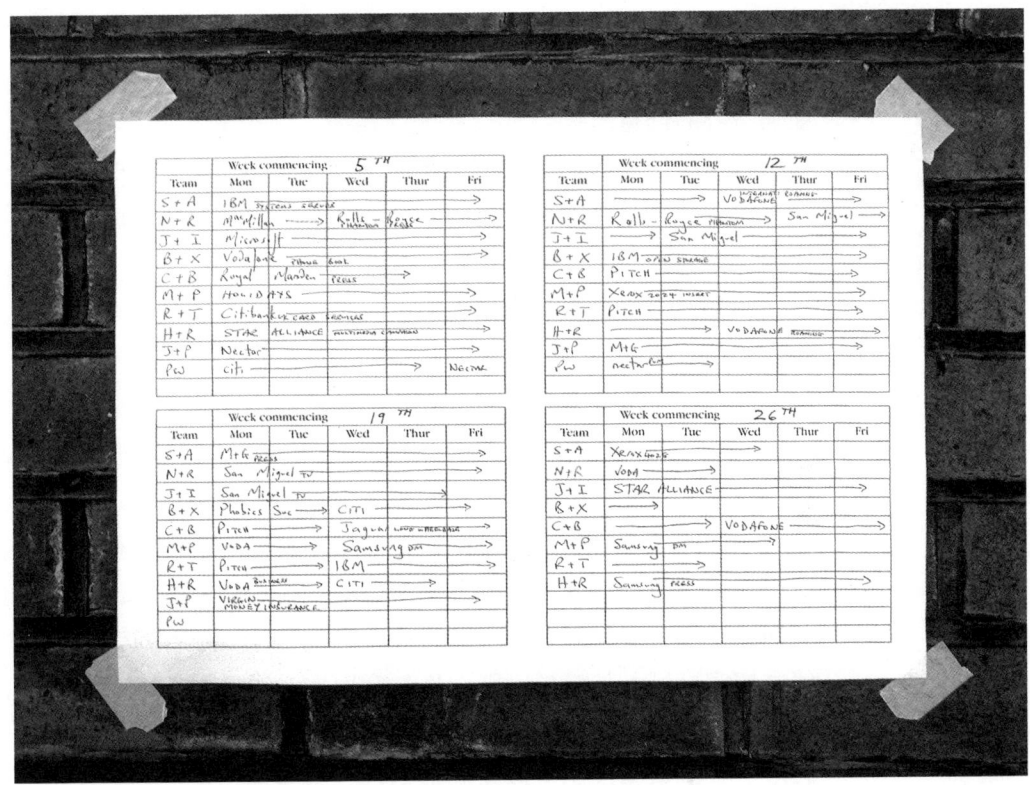

入某创意小组。

如果某项任务确实非常紧急且重要,客户服务人员就需要告知那位坐镇的"薪酬最高的交通指挥员"。这很重要。不经创意总监知晓——事实上,是允许,任何工作都不能进入创意部门。

"交通指挥员"之后,让我们来看创意总监的下一个重要职责:为创意简报把关。

过去,我总是亲自做工作进度控制表,我认为这有助于为工作注入些许人情味儿。有人说,若有客户服务人员胆敢对我的工作进度控制表说三道四,那他真可称胆大包天了。

控制创意简报质量,恰当安排时间

一言以蔽之,没有创意总监的同意,创意简报决不能进入创

> **Note**
>
> 您是情愿从头再来，还是一次做好？

意部门的地盘。也就是说，创意总监有责任甄鉴、剔除双重销售主张、预算缺失、虚空的论点以及那些只关注广告客户而忽略潜在消费者的创意简报。

创意总监还要防范给创意团队强加一个不切实际的时间计划的现象。清楚员工的任务是什么并给他们安排充足的时间，是任何一位管理者的主要职责之一。

如果只需要变换现有的创意，创意总监就得监督修订创意简报，评估完成修订需多长时间。如果需要的是一个全新的创意简报（概念），从接手创意简报到作品最终完稿，创意总监至少要给客服人员五天时间。

我知道有些人会觉得五天时间未免太长，客户可能也想早些见到最终作品。但不要忘了，团队需要时间去完成詹姆斯·韦伯·扬所说的创意流程前四个步骤。同时，他们还得做前几周延续下来的创意任务，也即韦伯·扬所说的第五阶段："加以改造、完善，使之切实可用。"稍想一下，你就会明白，想要做出一个优秀的作品，五天时间实际上是绝对不够的。如果客户明白了这一点之后依然有所抱怨，你可以反问他们："您是情愿从头再来，还是一次做好？"

如何组织中程会议

这之后，创意总监的工作就是，当作品在本部门顺利"流转"之时，确保广告理念始终丰盈。这就要求你参加每一次中程会议。中程会议，顾名思义，是创意进程推进至大约一半之时召开的会议。中程会议很重要：其一，唯有通过中程会议，创意总监才能掌控创意团队的工作进度，才能知道他们能否按时完成任务；其二，借此机会，创意总监做去芜存菁的工作，引导团队朝着"绝妙"创意行进。

照我看来，如果团队觉得你是一个从谏如流的人，他们就会向你提出很多点子。你要让他们知道，没有必要花时间用苹果手机将他们的点子做成详细的草图，他们只要尽力发想一个又一个好点子就可以了。将这些点子的梗概记下来或者在一张 A3 稿纸上画一个简单的示意图即可，然后贴在墙上。

审视、点评的时候，创意总监必须确保初始创意能够体现销售主张的整体意旨，而不是创意简报的某一个好作品或者有趣的方面。我过去常常让我的团队将销售主张贴在他们抬头可见的地方，这有助于督促他们不要偏离销售主张的整体意旨。同样，你还要判定作品是否偏离了销售产品的初衷。人们对于创意人员的一般印象是：将花花绿绿的作品贴在墙上，引得过往同事赞口不绝——作品能不能真正促进销售？天知道！

你还必须尽早发现、毙掉自娱自乐、离题——创意简报——的作品以及"似曾相识"的点子。一番拣选之后，还要审视剩下的点子是否具备足够的"截断性"（以引起人们的注意）、是否足够"恰切"（以使潜在消费者相信你贩卖的产品值得购买）。

透过潜在消费者的眼睛看作品

要考虑作品的展示环境，并预测广告信息传达至潜在消费者之时，他们的参与度水平。不妨自问：

- 能否引起潜在消费者的注意？
- 他们是否有足够的兴趣投入其中？

设法最大化广告创意的影响、增强其对于产品以及潜在消费者的针对性。做到这一点之后，还应就如何以一种最具戏剧性的方式演绎或论证销售主张向创意团队提出你的建议。

你的意见必须是建设性的。光指出问题没有任何意义，你应当同时提出某种解决办法。你还应当善解人意。很有可能的一种情境是，团队正在焦头烂额当中，而你却接连好几天疾言厉色。

设若你的团队还不够成熟和坚强，他们更需要的是来自你的鼓舞。（还记得我说过创意总监的职责之一就是"失望管理"吗？）

倘若你的团队足够优秀，他们会很快恢复活力，将你的批评看作是改进的契机。实际上，这种精神活力正是优秀创意人员的特质。正如克里斯潘·波特+博格斯基广告公司的员工手册所说，"要在这里获得成功，你必须同时具备以下特质：自信，富有激情，坦然面对你的点子一个接一个地被毙掉的职业素养。"

知道员工什么时候陷入了低谷，让他们恢复状态

很遗憾，不可能所有创意人员都能像斯巴达战士那般坚韧不拔。有时候，如果时间着实紧迫，团队成员又实在是黔驴技穷了，创意总监就得操刀上阵，亲自撰写创意简报。

我认为，无论是在广告公司一方还是在客户一方，敏锐感知员工什么时候陷入了低谷并及时将他们拉出泥淖，都是优秀管理人员的标志。

不幸的是，现在很多管理者几乎很少走出自己的办公室去照看员工手中的活计。他们将自己锁在办公室当中，时间都花在揣摩、迎合顶头上司，进而讨好老板这样的事情上。他们并不给下属提供指导，反而纵容员工墨守成规、玩弄办公室政治，"坐收渔翁之利"。结果，奸猾之风盛行，人们追求的不是更好的作品而是更光鲜的头衔。管理如此乌烟瘴气，办公室当中出现我在本书第2章中所说的"普遍不满"就不足为怪了。

当然，你们办公室的工作氛围可能是"积极向上"的。为了维持这种氛围，碰到团队苦苦挣扎于一个2、3分的点子而不可得之时，你应该及时"露一手"，拿出一个你自己的7分的点子。万一碰上创意总监自己和创意团队都拿不出某个创意简报的情况，创意总监就该出面向客户经理要求更多的时间。如果客户团队不同意，你可以提醒他们：客户很少真正介意你晚三天交作品，

> **Note**
>
> 你的意见必须是建设性的。光指出问题没有任何意义，你应当同时提出某种解决办法。

但很难饶恕一个一败涂地的作品。

避免集体决策

由此话题，我将接着谈创意总监最重要的职责：让最好的作品参加提案会议。这就意味着，第一次中程会议后，创意总监要最终决定哪个作品值得花工夫进一步完善，并进而提交到客户提案会议上去。

有些人不喜欢这种做法。固然，我很清楚我们生活在一个资源开放的时代，智慧往往存在于大众之中，"谁都不比谁更聪明。"可能有不少资深管理人员更愿意将撰写创意简报和构思策略的工作交给团队。确实，这比自己动手要轻松得多。将众人召集到一起，让大家共同构思、各抒己见的做法也很时髦。现在很多广告公司甚至喜欢邀请广告客户参加公司内部的头脑风暴会议。

我看不出这么做有何益处。如果你走的是詹姆斯·韦伯·扬的"五步流程"路线，就该明白，最好的创意往往是在你不经意的时候咕嘟一声冒出来的。它们可不会在3号会议室耐心地等待策划助理安排在上午10—11点之间的头脑风暴会议的召开。

那是不可能的。我赞同大卫·奥格威的团队决策相关看法："找遍任何一个城市的任何一家公园，你都找不到一座委员会的雕像。"如果这话听上去有些老套，下面是备受称赞的创意天才托尼·凯耶（Tony Kaye）的名言："联合作业只有在神话当中才是有效的。"如果你还是不很信服，再来看看伦敦博达大桥广告公司（Draftfcb）的执行创意总监马克·菲德斯（Mark Fiddes）在 *Campaign* 杂志中关于头脑风暴对英国的广告作品造成了毁灭性打击的论述："英国是头脑风暴的重灾区。头脑风暴的那个下午，他们常常使客户感觉自己就是莱奥纳多·达·芬奇，但最后只是起到了迫使创意人员将一个创意改得支离破碎、面目全非的效果

> **Note**
>
> 可能有不少资深管理人员更愿意将撰写创意简报和构思策略的工作交给团队。确实，这比自己动手要轻松得多。

广受赞誉的创意天才托尼·凯耶也反对"集体创意"。

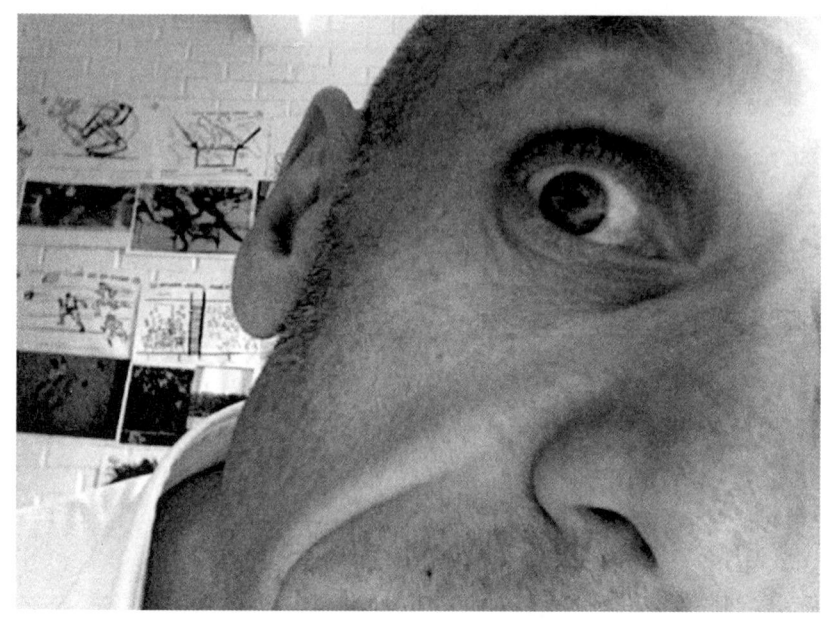

罢了。屡见不鲜的是,好想法被那些对于什么能够吸引消费者的注意几乎全无感觉的家伙戕害。"

如果还是有人不死心,创意总监可以掏出自己的名片,放在他们面前,提醒他们:我是总监!别忘了,去芜存菁本该是创意总监的专长。

在终审阶段,你应当评估所有点子,将你认为最能戏剧性地演绎或论证销售主张的那个拣选出来。除此之外,该点子还必须最适合你的目标受众、最能强化品牌理念。

有时候,最终拣选出来的广告创意可能既是"截断性"的,又是"恰切"的,却有失于体察目标受众对创意的表达腔调的接受度。因此,作品的评估必须同时参照"截断性"、"恰切性"以及"表达的腔调"等三个标准,并就作品的相关优劣短长和同事们展开开放式探讨,最后还应向大家阐释自己的最终选择。同样,开放式探讨不能"沦落"为"自由论辩"。如艾伦·贝内特(Alan Bennett)在他的《往事四十年》(*Forty Years On*)中所说:

"在控制严格的前提下，我完全赞同言论自由。"

你掌管的是创意部门，不是比萨店

内部讨论的时候，有一项标准可以完全不顾：客户的偏好。我也知道客户是最后的买单人，但同时，客户之所以向广告公司付费正是因为后者多年的经验和专长。因此，你应当（且必须）理直气壮地向客户提案同时满足上述三个标准的那个唯一的创意。你要注意，我说的是"那个唯一的创意"。过去，最好的广告公司都是这么做的，现在则很少有广告公司胆敢只带唯一一个乙方荐品前去提案。

广告公司更倾向于带上三个以上的方案，以供客户选择。正如我在本书前一章所提到的，客户的期望早已经根据其所见过的同类型的广告而预先设定。大多数时候，即使是最通情达理的客户，给了他们选择的机会的话，无不慎之又慎。他们会说：我们要把作品带回去，再考虑考虑。两天后，电话来了："那个不落窠臼的方案我们很喜欢，真的，我们会在秋季的时候刊发，但现在我们更倾向于那个稳妥一些的方案。"自然地，秋季到了，客户的预算业已重新拨配，其营销主管很可能也已调离，这件作品也就永无出头之日了。

因此，想要那个最好的作品得以刊发的话，它就应当是你唯一的贩卖对象。

如果客户坚持要看不止一个方案样品，那就以迅雷不及掩耳之势在他们面前晃过另外三个最好的创意，并借机向客户说明乙方荐品为何远胜于那三个。要小心，即使你费尽心思玩"障眼法"，客户还是有可能一眼看中某个较弱的方案。尤其糟糕的是，他们可能会从乙方荐品中抽取某一元素，再从其他三件作品中抽取另外一些，为他们的"比萨"加料——任何人（尤其是潜在消费者）绝无可能喜欢这种作品。

不要拆东墙补西墙

不要忘了,成功贩卖并不是结尾,广告作品还必须能够实实在在地制作出来。

这就意味着,整个创意过程中,创意人员都应与制作人员紧密合作。尤其是数字广告作品,开工的第一天就要让他们参与其中,否则你就面临着创意出来了却由于时间表不现实、预算庞大——即使《星球大战》导演乔治·卢卡斯(George Lucas)也无能为力——而搁浅。

维胡·卡普尔(Vidhu Kapur)和唐娜·布朗(Donna Brown)都是制作主管,他们与我共事八年,从来没有说过:"噢……不,办不到。"能与他们一起共事是我的幸运。我们给他们的很多项目都是全新的。但他们每一次都会想尽一切办法按时、保质完成,且不超预算。当然,我也会尽力维护他们的利益。我建议你也如此对待制作人员。

为了确保创意能够按时、保质且不超预算地获得实现,制作人员经常"被加班"。这就是说,拆东墙(张制作)补西墙(李创意),这么做并不划算。因此,在制订时间计划的时候,一定要与制作部门核对,以确保有充足的时间做好作品。中程会议必须有制作人员出席,以评估孕育当中的绝妙创意能否按时、不超预算地实现。

与制作部门密切沟通、协作必须成为创意部门的日常事务。倘若创意总监能够做到这一点,我敢保证,12 个月之内,广告公司及客户就都能见到许多让双方都引以为豪的作品。

现在是盛装领奖的时候了

接下来的问题是,广告公司是否应该带着这个让双方都引以

> **Note**
> 中程会议必须有制作人员出席,以评估孕育当中的绝妙创意能否按时、不超预算地实现。

为豪的作品参赛？一些广告公司对这些奖项嗤之以鼻，但那不过是因为他们知道自己获奖的希望渺茫。但我认为，举办各种广告赛事是个不错的做法，尤其是那些与销售业绩直接挂钩的直复营销相关广告赛事。

而这一任务在创意总监一长串的头衔后面加上了另外一个：参赛协调员。

首先是要挑选合适的广告赛事。在 HTW 公司的时候，我们每年只参加三四种有把握独占鳌头的广告赛事。

为什么这么挑剔？因为参加广告赛事可不是一件简单的事情，要想赢得出色表现尤其需要付出巨大的努力。涉及选择适当的广告作品和竞赛类别等准备工作。由于创意总监自身可能就加入了不少评奖委员会，知道评审喜欢什么、哪些作品足够吸引评委们的注意，因而这些工作不能假手他人。此外，如果需要撰写一份漂亮的参赛陈词，从经验角度考虑，创意总监也比其他人更合适。

一旦在广告赛事上有所斩获，就将给你带来新的业务，因而你应当足够重视各项准备工作。

参加客户组织的比稿活动的时候，你肯定会听到你的竞争对手吹嘘自己过去获得的种种广告奖项。因此，带着你的潜在客户参观自己公司的时候，一定要带他们到奖品陈列室转一转。竞争对手的慷慨陈词就立马黯然失色了。

与大家分享荣誉

在 HTW 公司时，我们极为重视广告赛事，我们知道美妙的"颁奖晚会"的价值。广告大奖是艰辛的创意工作的极好奖赏。此外，根据我的经验，客户甚至比广告公司本身更看重荣耀以及随之而来的光环。这也是客户应得的。不要忘了，缺少了他们的智慧、钞票，很多时候还有勇气，广告公司根本就没有机会站在领奖台上。因此，你应当与客户分享你的荣耀。

尽管接待员、人事、财务人员、私人助理等员工没有直接参与到创意的过程当中，但他们也是公司整体文化的一个部分，也有功于一个孕育杰出创意的良好环境。因此，若有可能，不妨让他们也到现场感受你们共同的喜悦。

你也可以在颁奖之后的第二天与所有人洒酒庆功。狂欢不仅是为了开心，它对于维护你尽力打造的公司文化也很重要。除非某文化能够展现出其勃勃生机，否则，人们将开始质疑其观念与价值，并逐渐与之拉开距离。更为严重的是，客户服务人员很快就会不经简报撰写就将创意任务塞给创意部门，并袖手一旁，等着看好戏。

为胜利狂欢，这将激励人们获得更大的成就。你本人也将度过一个不醉不归的夜晚。

我自己就曾很多次与员工们一起狂饮，每次都嗨到爆。我也希望本书能够帮助你带领员工们不断获得成功，庆功会一次又接

以往的奖项对于洽谈新业务很有用处。比如，你可以通过下列表格逐项比较你与竞争对手在各种广告赛事上的成绩。

精准营销创意联赛奖项榜单（2005年5月）

广告公司	Response 奖	Echo 奖	整合直复营销奖（IDM）	美国直复营销协会（DMA）	Campaign 杂志奖	戛纳广告节	总计	05年5月	04年10月	04年4月	03年10月
HTW 公司	0	0	8	90	56	29	183	1	1	1	1
Tequila	24	11	6	24	12	12	89	2	-	-	-
Craik Jones Watson Mitchell Voelkel	21	1	0	50	10	5	87	3	2	3	3
阳狮传讯	29	0	0	25	16	12	82	4	3	8	10
萨奇	0	0	2	30	26	19	77	5	4	2	2
WWAV Rapp Collins	21	7	8	15	0	0	51	6	9	6	5
Tullo Marshall Warren	5	0	0	27	12	4	48	7	12=	20=	25=
Proximity London	13	0	0	18	12	4	47	8	8	10	9
Archibald Ingall Stretton	28	0	0	8	9	0	45	9	5	4	4
Partners Andrews Aldridge	7	0	0	21	16	0	44	10	6	5	6
ARC(inc Leonardo)	16	0	0	10	14	2	42	11	7	7	7
20：20 London	23	0	0	0	10	4	37	12	15	22	22
Euro RSCG	8	0	0	8	12	7	35	13	11	23	21
EHS Brann	5	0	0	14	10	3	34	14	16	14	12
Draft London (inc Lowe Love&Plus)	12	6	0	8	0	5	31	15	14	11	11
奥美互动	4	3	0	12	8	3	30	16	17	16	15
Story	0	5	0	22	0	0	27	17	18	15=	-
Different	0	0	0	4	16	0	20	18	19	17	17=
Rapier	0										

一次。但是，为了不被既有的成功冲昏头脑以及避免未来可能的失败，酒醒之后，你应当做两件事情：

首先，你要提醒自己：成功只代表过去，未来总是多舛。为了防止员工自满，你还应当将自己心底的忡忡忧心传达给员工。

还有，感谢上帝赐予你的运气——上帝无时不在，你要始终"如履薄冰"。记住希腊诗人康斯坦丁·卡瓦菲（Constantine Cavafy，1863—1933）的诗句：

再古老的王族也不会永存
当然，人们至今津津乐道
何妨聆听。但是，不要被骗了
什么无可替代、无与伦比和杰出？
其他无可替代、无与伦比和杰出的人
很快就会出现。

结语
希望没有浪费你的时间

Conclusion
I hope I haven't wasted your time

你很幸运。如果本书是在五年前写好的，它可能是一册难啃的大部头。但是，于我而言，在广告行业干得越久，对这个行业了解越是深入，事情也就越简单了：两个重要理念……"问题/解决"方案……"恰切截断"……以及足够的时间。难道还需要其他东西吗？这难道不是一项"让傻瓜弄复杂了的简单运动"吗？

在本书的开篇，我引用了传奇足球教练比尔·香克利的这句话。作为结尾，我将引用迄今为止最为出色的板球运动员唐·布拉德曼（Don Bradman）的话。一位澳大利亚板球国家队的新人极其敬畏唐，不敢亲自请他指点板球技巧，因而怂恿另一位队员去问。唐是怎么说的？"回去告诉你那位队友，只要始终将球控制在球道上，他就不会出局。"

这不是与我们的工作一样吗？只要在某些基本的方面做好了，就不会出问题。哎，可这并非本行业的通行观点。

是时候丢掉所有旧有规则和信条了

根据各种行业刊物和业内传闻，我们得知，广告行业正以极快的速度发生变化，以至于想要写出一本总结过往的创意书籍是几乎不可能的事情。甚至，大部分人可能会说，读这样的一本书不过是在浪费时间。

例如，我曾经受邀参加一次在西班牙召开的国际品牌趋势大会（International Congress of Brand Trends），能与该国以及拉丁美洲等地的杰出创意人物们站在一个舞台上，我倍感荣幸。但是，面对着"可以说，游戏规则已经发生变化。几年以前还管用的东西现在已然过时。我们必须转变思维方式"这样的广告语，我的心情又变得极度失落了。

当时是 2009 年 2 月。再前推一年，我注意到《广告时代》（Advertising Age）的"趋势观察"栏目也流露出了此类"变化执迷"（fixation with change）。下面是美国广告代理商协会主席兼首席执行官鲍勃·利奥狄斯（Bob Liodice）的话："新型——视野开阔、观察能力出众——的专门营销人才正在涌现。这些新生代营销人才兼具人文主义者、心理学家、人类学家以及技术专家的素养。"

英国直复营销协会广告委员会主席曾经说过："发生在怀特兄弟身上的人类首飞就是订立新规则的结果。他们认为有必要重新订立规则。丢掉所有既有规则和信条吧。直复营销就面临这样一种处境，新时代喷薄欲出。"

你并不惧怕变化，不是吗

我认为，这不仅仅是对人类航空历史的误解，还是一种危险的"人类应当如何面对未来"的分析。此种视角之所以是危险的，是因为这是一种典型的传统智慧——广告公司、客户双双摒弃所有既已习得的知识和经验。这是其一。其二，这一视角将行业的未来交到那些"观察能力出众"、能够察知极为省事的时尚浪潮的人手中。

省事？没错。就着一时一事高谈阔论总要比坐下来或趴在办公桌上做我在本书前面八章中所说的那些事情容易得多。如果要做到这些，就要求你深入钻研业务技能、研究消费者、研究行业态势，深刻掌握并灵活运用相关原则，还要将你所掌握的知识传授给员工。在当前的环境下，任何坚持此种做法的人都会被视为保守、落伍。事实上，对于广告公司（以及客户）来说，最难以回答的自诘——眉头紧蹙——就是："你并不惧怕变化，不是吗？"

只要是建立在有利于文化繁荣、民众启蒙（经由知识的不断累积）的各项人文主义原则的基础之上，我个人是不惧怕变化的。

Note

就着一时一事高谈阔论总要比坐下来，趴在办公桌上，做我在本书前面八章所说的那些事情容易得多。

遗憾的是，这种情况并不常见。不但不见公司人文情怀，屡见不鲜的反而是懦弱而野蛮地将既有知识一股脑儿地扫进历史的垃圾堆的现象。

你今天遇到骗子或笨蛋了吗

英国的布里斯托商学院营销学教授艾伦·塔普博士曾经这样向我阐述这种浅薄和肤浅所造成的伤害，他说："如果'最佳实践'毫无价值，什么有价值？答案是'新潮崇拜'（cult of the new）。在一个缺少实质内容的世界里，大行其道的是新潮和时尚，营销人员为之神魂颠倒的是变化以及'下一个'大热门。"

克兰菲尔德大学（Cranfield University）的营销学荣誉教授马尔科姆·麦克唐纳（Malcolm McDonald）抱持着和艾伦·塔普教授一样的批评态度。在他看来，由于"根本不够格的骗子和笨蛋充斥其中"，营销学科已经失去了其应有的尊严。

但是，假如从现在开始，广告公司以及客户能够如人们所期望的那样逐渐掌握相关技能、承担相应的职责，未来或许——仅仅是或许——会比现在更好。

在本书第 2 章，我曾引述美国当代文学大师理查德·耶茨的《革命之路》主人公的话。现在，他正在聆听老板发表"谁将在这个变化须臾不止、日益复杂化的商业世界中独领风骚"的演讲：

> 公关专家？电气工程师？管理顾问？喔，对于整个公司来说，这些人当然很重要，他们每个人的专业知识都很宝贵。但关键是，单个地看，他们任何人的知识、经验和资历都达不到这份工作的要求。我曾经和一些顶尖的广告和营销人员交流过，我也跟计算机行业的一些顶尖的技术人员以及国内的一些高管人员交流过，我们的最终看法极为一致：未来的

职业将是截然不同的，为此，我们不得不培养出一批全新的人才。

由此看来，耶茨完全知道在一个变化不止的时代当中，应当如何去找一批既有眼光又掌握了相关技能的"新新人类"带领大家前进。《革命之路》开始构思于1955年，发表于1961年：事实上，比鲍勃·利奥狄斯还早大约53年，理查德·耶茨就已经看见了"观察能力出众"的"新生代"营销人才的隐绰身姿。

显然，太阳底下无新事。正常人难免会对未来感到无把握甚至不安全。但是，不加取舍，将孩子（过去将近一百年以来积累下来的行业智慧和经验）与洗澡水（某些确实不合时宜的行业糟粕）一并倒掉绝不是应对当前挑战的正当办法。

最后，我再引述一段几乎与《革命之路》同时代的话：

> 历经数百万年，人类的各种天性才得以进化至今天的模样，进一步的完善则还需要另外一个数百万年。现在人们热衷于谈论"变化的人"，但人与人的沟通和传播只能着眼于"不变的人"，始终不变的是生存、受人钦佩、追求成功、爱与被爱、照料家人的坚强意志和决心。

这是比尔·伯恩巴克的原话。我想，对于他的这个观点和建议，即使是最着迷于将简单的广告/营销游戏复杂化的人也愿意接受并遵从。

译后记

广告在我们的生活中无处不在。当我拿到这本书的时候，才发现自己对广告的无知。谈到"创意"，过去我也会不自觉地将其与"灵感"、"激情"一类的词汇联系在一起。读过此书，帮我打开理解"创意"的另一扇窗。

创意可以有诗人的优雅，可以有艺术家的想象力，但这并非兰波式的不羁，达利式的狂放。在看似喧闹与繁华之外，她有自己的"秘密幽径"，需要有"科学"般的严谨。说到底就是"本质"。一个创意工作者或许要有心理学家的判断力、数学家的严谨和艺术家的敏锐。一个好的创意从初始到成型，都会经过不同的阶段，看似寻常，却又不易。

本书文风简洁明快，但是本人对于广告行业实属门外汉，文中有些专业用词自感难于处理。如有不当之处望读者指正（leoyoung12@gmail.com）。

愿这本平实、严谨的书可以为您带来益处。

最后，特别感谢后浪出版咨询（北京）有限责任公司的编辑云逸和金存惠在译者翻译期间给予的支持和帮助。

2018 年 10 月

出版后记

开始本书的写作之前，作者问自己"人们是否还需要另一本创意书籍？"接着，他注意到"这个行业确已发生某些变化，那些我素所尊重和钦佩的人们开始变得迷茫且失落"。

原本，无论原因或理由何在，广告行业的自恋可谓臭名昭著；环绕其外的种种光环/迷雾使得围城之外的人们心驰神往却不得其门而入，围城之内的人们则愈加自命不凡、故步自封。因此，为之驱魅——以一种既无矫饰也无贬斥的态度还原广告行业的真相——极有必要。

作者认为，广告行业目前之所以迷茫和失落，其根源只有一个："这是一项让傻瓜弄复杂了的简单运动。"本书所做的就是一个化繁为简的工作，并提出两项建议：一是向其他行业学习，像木匠、石匠、Linux 系统编程人员等手艺人一样培育自己的"老式荣誉感"，不断淬炼"手艺"；二是刺破环绕在广告行业外围的种种光环/迷雾，化解种种社会及媒介技术的变化，牢牢抓住广告行业本身的方法论——"问题/解决"机理（营销创意的方法）以及"恰切截断"（广告创意的方法）。

任何行业，只有真正沉浸其中，你才能成功，而要想沉浸进去，就必须深层次地掌握这个行业的方法论知识。书读到最后，无外乎读思维。本书严格按照全流程的广告作品创意—传播次序、结合原理阐述与案例讲解，力图将读者带进广告行业的内核；就其本质，正是广告创意及传播的方法论知识之集成和提炼。

在本书的编辑过程中，我就"公关第一，广告第二"（艾·里斯，2002）的观点向作者请教。他答复如下："广告和公关都是有效的整合营销活动的必要组分。两相比较，由于可以自主选择传播媒介，广告活动更具传达优势，当然作品必须优秀；公关活动或许更易于收到实效：假如公关方案做得很周详、假如公关信息的发布渠道很适宜、假如公关活动的时机把握得很好。这三个'假如'非常关键。任何懂行的品牌管理者都必然会协同运用广告和公关两种营销手段，以在目标受众中激起品牌偏好。大多数情况下，营销组合必然更加倚重广告手段而不是没有三个'假如'支撑的公关手段。……'广告第二'的说法无疑太过宽泛。"

最后，感谢 TribalDDB 创意总监张映晨、上海 BBDO 天联广告公司执行创意总监赖致宇、阳狮广告上海执行创意总监王彦铠、奥美资深文案 Lakuta 四位老师对于本书的支持。

服务热线：133-6631-2326　139-1140-1220

读者服务：reader@hinabook.com

后浪出版公司
2018 年 10 月

图书在版编目（CIP）数据

引爆创意 /（英）史蒂夫·哈里森著；杨凯，赵雯婧译. -- 北京：北京联合出版公司, 2018.11
ISBN 978-7-5596-2409-3

Ⅰ.①引… Ⅱ.①史… ②杨… ③赵… Ⅲ.①广告学—研究 Ⅳ.①F713.80

中国版本图书馆CIP数据核字(2018)第172062号

Authorized translation from the English language edition, HOW TO DO BETTER CREATIVE WORK, 1E, by STEVE HARRISON, published by Pearson Education, Inc., Copyright ©2009 by Pearson Education, Inc.
All rights reserved. No part of this book may be reproduced or transmitted in any form or by any means, electronic or mechanical, including photocopying, recording or by any information storage retrieval system, without permission from Pearson Education, Inc.
Chinese Simplified language edition published by BEIJING UNITED PUBLISHING CO., LTD Copyright©2018.

版权所有。未经出版人事先书面许可，对本出版物的任何部分不得以任何方式或途径复制或传播，包括但不限于复印、录制、录音，或通过任何数据库、信息或可检索的系统。
本书中文简体字翻译版由培生教育出版亚洲有限公司和北京联合出版有限责任公司出版。
版权 © 2018 由培生教育出版亚洲有限公司与北京联合出版有限责任公司所有。
本书封面贴有 Pearson Education 防伪标签，无标签者不得销售。

引爆创意

著　　者：[英]史蒂夫·哈里森　　　译　　者：杨凯　赵雯婧
选题策划：后浪出版公司　　　　　　出版统筹：吴兴元
特约编辑：金存惠　王婷婷　　　　　责任编辑：管　文
封面设计：7拾3号工作室　　　　　　营销推广：ONEBOOK
装帧制造：墨白空间

北京联合出版公司出版
（北京市西城区德外大街83号楼9层　100088）
北京天宇万达印刷有限公司　新华书店经销
字数175千字　690毫米×960毫米　1/16　13印张
2018年11月第1版　2018年11月第1次印刷
ISBN 978-7-5596-2409-3
定价：42.00元

后浪出版咨询(北京)有限责任公司常年法律顾问：北京大成律师事务所　周天晖 copyright@hinabook.com
未经许可，不得以任何方式复制或抄袭本书部分或全部内容
版权所有，侵权必究
本书若有质量问题，请与本公司图书销售中心联系调换。电话：010-64010019